밀정

밀정

〈천만 영화를 해부하다〉 평론 시리즈 2

한국미디어문화학회 엮음

연극과인간

차
례

■ 영화 〈밀정〉 인물 한눈에 보기

(괄호 안은 배우명 또는 생몰연대임)

시대: 1923년, 일제강점기			
의열단 측		경무국 측	
영화 속 등장인물	역사 속 실제 인물	영화 속 등장인물	역사 속 실제 인물
이정출(송강호): 일본 경무국 경부	황옥 (黃鈺, 1887~?)	히가시 (츠루미 신고): 경무국 부장	마루야마 츠루키치 (丸山鶴吉, 1883~1956)
김우진(공유): 의열단 리더	김시현 (金始顯, 1883~1966)	조회령(신성록), 하시모토(엄태구), 주동성(서영주), 하일수(허성태), 오남원(이철구), 김사희(최유화)	
연계순(한지민)	현계옥 (玄桂玉, 1897~?)		
정채산(이병헌): 의열단 단장	김원봉 (金元鳳, 1898~1958)		
김장옥(박희순)	김상옥 (金相玉, 1890~1923)		
선길 (권수현)	김익상 (金益相, 1895~1943)		
허철주(김동영), 심상도(고준), 서진돌(곽자형), 루비크(포스터 B. 버튼)		기타	
		김황섭(남문철): 조선인 갑부	

1부
영화로 역사를 말하다

실제 인물 황옥은 의열단원인지 일본경찰의 밀정인지 알 수 없다.
의열단과 그 단장에 대한 평가가 역사와 영화에서 변하지 않으며,
일관성 있게 발전하고 있는 것과는 대조적이다.
이렇게 이정출과 황옥에 대한 평가에서 영화와 역사가 갈라서는 지점이
영화를 통한 역사의 상상과 기억의 미학이 형성되는 곳이다.

영화를 통한
역사의 상상과 기억의 미학

조우호

"고마웠어! 형 아니었으면 여기까지 못 왔을 거요!"(김우진)

영화 속 김우진이 일본군에게 잡히기 직전 생사의 기로에 선 급박한 순간에 이정출에게 한 말이다. 영화 〈밀정〉은 역사의 선택과 개인의 선택이 존재한다는 것과 그것이 다를 수 있지만, 그렇다고 현재 내게까지 이르는 긴

안목으로 보면 다른 것도 아니라는 메시지를 던진다. 영화는 역사의 현장과 바로 그 순간에 존재하는 진실이 상상으로 채워지는, 상상이 역사의 현장으로 옮겨가는 과정을 보여준다고도 할 수 있다. 또한 개인에게 존재하는 역사는 문자로 된 것이든, 그렇지 않든, 기억을 바탕으로 재구성되는 것이며, 이런 기억도 영화에서는 상상과 직결될 수 있다는 것, 영화를 통한 역사의 해석에는 기억과 상상의 상호작용이 바탕이 된다는 말이기도 하다.

〈밀정〉은 1923년 3월 이른바 '황옥 경부 폭탄사건'을 소재로 한 영화다. 1920년대 일제강점기는 1919년 3·1운동이 실패로 돌아가고, 조선이 독립을 성취하기 위해서는 더 이상 비폭력이 아닌 무력으로 일제에 맞서야 한다는 뜻으로 창설된 의열단이 활동하는 시기다. 1923년 1월 12일 의열단원 김상옥이 일제의 압제와 고문의 현장인 종로경찰서에 폭탄을 투척하여 많은 부상자를 내고 일본 경찰에 타격을 주는 사건이 발생한다. 그는 22일에 은신처에서 일본경찰과 총격전을 벌이다 마지막 총탄으로 자결을 한다. 〈밀정〉의 첫 장면은 이것을 소재로 구성했다. 영화 속에서 김장옥이란 이름으로 등장하는 그는 압도적인 수의 일본 경찰과 총격을 벌이며 은신처를 빠져나오다 결국 이정출 앞에서 대한독립 만세를 외치며 자결하는 장면이 그것이다. 이 인상적 장면과 연기에 관객들은 숨을 죽인다.

의열단은 이제 일제 강압 통치의 심장이 된 경성(서울)에서 더 큰 타격전을 벌이기 위해 상하이에서 대량으로 비밀 제조한 폭탄을 경성까지 밀반입하고자 계획한다. 1923년 황옥 경부 폭탄사건은 이렇게 시작한다. 그들은 일본의 감시가 비교적 덜한 상하이에서 제조한 폭탄을 천진을 거쳐 만주의 안동현까지 옮기고, 이후 신의주를 지나 경성까지 일단 무사히 옮긴다. 여기에는 한 여성도 주요 역할을 했다고 한다. 현계옥(玄桂玉). 기녀출신 의열단원이 바로 그녀다.

현계옥 관련 내용은 다른 의열단원들의 경우처럼 남아있는 믿을 만한 기록이 빈약한 것처럼 보인다. 그녀가 기녀 출신으로 이름이 있었고 직접 지었다는 한시(漢詩)도 전하고 있어, 국문학 내지 여성작가, 한국의 기녀 관런 연구나 인명사전에서 간단히 언급되고 있는데, 주요 내용은 인터넷에서 볼 수 있다. 특히 한국콘텐츠진흥원에서 나온 『문화원형백과』에서는 개인적 내용이 자세하고 인상적으로 기술되고 있으나 내용의 신빙성을 담보할 수 있는지는 단언할 수 없다. 여기서 일단 그 내용을 중심으로 다른 자료도 참조해서 그 인물에 관해 간단히 구성해 보자.

현계옥(1897~?)은 대구 출신(혹은 다른 자료에서는 밀양 출신) 기생이다. 17세에 기적(妓籍)에 이름을 올렸다. 그녀의 연인이자 그녀를 독립운동과 의열단으로 이끈 인물로 알려진 사람이 있는데, 「운수좋은 날」의 소설가 현진건의 사촌형님인 독립운동가 현정건이다. 19세에 현정건을 따라 서울로 올라온 현계옥은 이후 상하이로 떠나 1919년 의열단에 가입해서 본격적으로 항일 투쟁을 펼친다. 그중 황옥 경부 폭탄 사건과 관련해서도 그녀는 폭탄의 수송 작전에 일정 부분 관여한 것으로 짐작할 수 있지만, 구체적으로 어떤 역할을 어느 정도 수행했는지는 기록이 빈약해 정확히 단언할 수 없을 것 같다.

그녀는 의열단원으로 활약하면서 1928년 현정건이 상하이에서 일본 경찰에 체포되어 평양 감옥에서 3년 형을 복역하고 출옥할 때까지, 그리고 현정건이 옥고의 후유증에 따른 복막염으로 1932년 12월 30일 경성의전 병원에서 사망할 때까지 그의 곁을 떠나지 않고 돌보았다. 그 이후는 모스크바로 가서 공산대학을 졸업했다는 기록이 있다.

영화 〈밀정〉에서는 현계옥이 연계순이란 인물로 등장한다. 하지만 영화에서 연계순의 활동은 폭탄의 제조와 반입에만 집중되어 있을 뿐, 그 외 현계옥의 독립투쟁 활동은 거의 조명되지 않고 있다. 또한 연계순이 김우진 등 의열단원들과 함께 경성 역까지 폭탄을 옮긴다는 설정을 하고 있는데, 실제로 현계옥이 경성까지 폭탄을 옮겨왔는지는 알려져 있지 않다. 특히 경성역에서 총격을 벌이다 체포된다는 설정과, 무엇보다 영화에서 관객들의 감정을 끌어올리는 장면인, 체포 후 고문을 당해 죽는다는 설정은 기록된 역사적 사실과 맞지 않다.

김시현은 열렬한 의열단원으로 황옥 경부 사건으로

체포되어 옥고를 치른 후 해방 후에도 민족주의자이자 정치인으로 활동하며 국회의원도 지낸다. 특히 김구 선생의 암살 배후로 이승만 대통령을 지목하고 1952년 그를 암살하려다 발각이 되어 수감생활을 하고, 1960년 4·19 혁명으로 석방되는 등 민족주의자 독립투사의 신념에 따라 평생 활동했다.

영화에서 김우진은 경성역으로 들어온 의열단원들 중에서 유일하게 일본경찰에 체포되지 않고 경성역의 현장을 무사히 빠져나온 인물로 설정되어 있다. 이후 그는 은신처에 있다 발각되어 체포되고 감옥에서 고문을 당한다. 하지만 고문을 당하고 '곡기를 끊어' 절명하는 연계순과는 달리 취조 고문에서 자백을 하지 않으려고 혀를 깨물어 말을 하지 못하는 것만 나올 뿐 그가 옥사하는지, 아니면 살아서 나오는지는 분명치 않다. 그는 연계순이 죽었다는 것을 감방에서 듣고 오열하지만, 영화의 마지막 장면에서 다시 등장한다.

그러면 밀반입한 폭탄은 어떻게 됐을까? 폭탄 거사는 실패로 끝나고 않았는가? 역사는 그렇다고 말한다. 영화에서는 다행스럽게도(?) 그렇지 않다. 많은 사람의 노력과, 무엇보다 연계순과 김우진의 희생으로 밀반입된 폭탄은, 결국 그들을 고문한 조선총독부 경무국 부장 히가시가 참석하는 일본구락부 만찬 행사에서 히가시와 함께 그곳에 모인 경무국 고위 관료와 제국의회 의원, 고위 친일파들을 날려버리는 데 통쾌하게 사용된다. 폭탄 거사는 성공적으로 끝난 셈이다. 이때 일본경찰에 밀정 노릇을 하며, 혹은 (김우진과의 약속대로) 밀정인 것처럼 위장해서 목숨을 건졌던 이정출이 김우진과의 약속에 따라 숨겨둔 폭탄을 직접 설치한다. 그가 마지막 장면에서 학생 차림의 젊은 의열단원 선길을 만나 '반도 사용하지 못했다'던 숨겨둔 폭탄과 시계를 전해주는 모습은 이제 그가 의열단의 밀정으로서 활동한다는 것을 암시한다. 이어 젊은 이는 아마 폭탄을 실은 자전거를 타고 조선총독부에 무사히 들어가고(그 젊은이는 황옥 폭탄 사건 이전에 실제 조선총독부에 잠입해 총독비서실에 폭탄을 터트린 독립투사 김익상을 상기시키는 모티브로 볼 수 있다), 감방에서 눈을 감고 쓰러진 김우진의 얼굴에 미소가 번지며 영화는 끝난다.

"모든 사람들은 자신의 이름을 어디에 올려야 할지를 결정할 때가 옵니다."(정채산)

영화 〈밀정〉의 주인공 이정출의 실제 모델은 황옥(黃鈺, 1885~?)으로 알려졌다. 황옥에 대한 기록은 남아있는 것이 변변히 없어 자세히 알 수는 없다. 알려진 자료를 보면 그가 일제 치하에 일본 경찰에 들어가서 일을 하고 나름의 공을 세워 승진을 해서 결국 경기도 일본 경찰부의 중간 간부인 경부로 근무한 경찰이라는 것은 확실한 것 같다.

그가 조선인으로서 일본 경찰에 들어가 조선인을 잡는 일본 경찰의 주구(走狗) 노릇을 하게 된 동기는 무엇인지 정확히 알 수 없다. 아마 세상이 바뀌었고 더 이상 조선은 돌아오지 않는다고 느꼈을지도 모른다. 그래서 생계를 유지하고 나아가 일본이 다스리는 세상에서 출세를 하기 위해서는 일본 경찰이 나쁘지 않게 보였을 것이다. 영화에서 이정출도 비슷한 말을 한다.

또한 황옥이 의열단원과 접촉을 한 것도 사실이다.

이를 통해 의열단원 김시현을 알게 되고 의열단장인 김원봉을 만난 것으로 추측할 수 있다. 자료를 통해 보면 황옥은 김시현과 더불어 중국에서 제조한 폭탄을 압록강을 넘어 국내까지 옮기는 데 중요한 역할을 맡은 것 같다. 그는 이후 발각되어 체포되고, 결국 밀반입한 폭탄은 사용하지도 못하고 의열단의 거사는 실패로 돌아간다.

황옥이 의열단과 접촉을 하고 의열단의 내부로 들어간 이유는 무엇일까? 그 정확한 이유는 알 수 없다. 조선인 일본경찰로서 그간의 행적을 반성하고 독일운동을 하며 새로운 삶을 살기 위해서였을까, 아니면 그저 일본의 밀정 역할을 더욱 충실히 하기 위해서였을까?

황옥이 자신의 행위를 반성하고 의열단의 비밀 밀정으로 독립운동을 했다는 시각은 영화 〈밀정〉의 시각과 통한다. 황옥이 바로 이정출인 셈이다. 영화는 이 경우 역사에서 정확히 알려주지 않는 사실이나 역사 기록의 이면에 숨겨진 사실을 조명하고 밝혀주는 이정표 역할을 한다. 그렇다면 인생은 얼마나 아름다우며, 영화란 얼마나 멋진 것인가! 하지만 왜 황옥이 갑자기 자신의 행로를 정반대로 바뀌 독립투사가 되었을까? 출세를 지향하던 그가 무슨 계기로 출세를 포기했을까? 조선이, 대한제국이 독립되어 세상이 곧 바뀌리라는 예감이 있었을까? 하지만 그건 1920년대에는 너무 이른 예감이 아닐까. 혹은 1919년 한반도를 흔든 3·1운동을 경험하고 갑자기 민족의식이 생겨났을까? 그렇게 연결시키기에는 자료는커녕 어떤 정황 증거도 없다. 오히려 일제의 무력 진압으로 3·1운동의 가담자들이 희생당하는 것을 보고 일본경찰에 몸담고 있었던 그로서 독립은 더욱 힘들다고 생각하지 않았을까?

일본의 밀정이라는 관점에서 보면 일본 경찰의 지시에 따라 혹은 자신의 공명심과 출세욕으로 의열단원과 접촉을 했을 것이다. 그 시점이나 계기 역시 정확히 알 수 없지만 의열단원을 검거하기 위해서 혹은 그 무렵 종로경찰서 폭탄 투척 사건의 범인과 의열단 조직을 파악하기 위해서 중국으로 갔다는 시각이 존재한다. 어쨌든 그가 중국으로 간 것은 사실이고, 중국에서 의열단장 김원봉을 만나는 것이 가능했을 것이다. 이런 시각을 뒷받

침하는 것으로 그의 법정 자백이 있다. 그가 김시현과 함께 받은 1923년 재판에서 자신은 일본의 밀정으로 의열단원들을 검거하기 위해 그들과 접촉했다고 진술했음은 알려진 사실이다. 현재 국사학계의 시각은 논란은 있지만 여기에 무게를 실어주는 듯하다. 이정출과는 달리 역사 속 황옥은 일본경찰의 밀정이었다는 말이다. 물론 이와 다른 시각이 존재하며, 논란이 종결된 것은 결코 아니다.

이정출이 아닌 황옥의 경우를 보면 현실을 사는 일상의 인물이 올바른 역사의식, 아니 역사의식 자체를 가지는 것이 얼마나 어려운지를 짐작할 수 있다. 하루하루 일상을 사는 소시민들은 대부분 자신과 가족의 생계와 안위만을 걱정하기에도 힘에 부친다. 하물며 국가와 민족을 생각하며 역사의식을 갖는다는 것은 무리이며, 그것도 올바른 역사의식을 갖추어야 한다고 요구하는 것은 강요일 뿐이다. 황옥의 실체를 둘러싼 논란도 여기서 그 대답이 있다.

영화에서 의열단장 정채산이 '모든 사람들은 자신의

이름을 어디에 올려야 할지를 결정할 때가 온다'고 한 말은 진실에 가깝고 이 영화의 주제에도 가깝지만, 현실에서 이 말은 실제 의열단장에게서나 가능하지 않았을까?

"난 사람들 말은 물론이고 내 말도 믿지를 못하겠소. 다만, 사람이 해야 할 일을 하는 것뿐입니다."(정채산)

정채산은 실제 의열단장인 김원봉(金元鳳)이 모델이다. 김원봉은 1919년 3·1운동이 실패하자 중국의 지린성에서 의열단을 조직한 후 일제에 대한 무장 투쟁과 요인 암살을 전개한 영웅적인 단장이다. 그가 지휘하는 의열단의 무장 투쟁으로 일제 당국과 일본 경찰에게는 그의 이름이 가히 공포의 대상이 되었다는 것은 알려진 사실이다. 이후 그는 1938년에 조선의용대도 조직해서 주로 만주 지역을 중심으로 일제에 대한 무장 투쟁을 해방이 될 때까지 지속적으로 전개했다. 그러나 그의 전설적인 항일 무장 투쟁의 활동은 해방 후 1948년 그의 월북으로 그의 존재까지 대중에게 잊혀져버린 숨겨진 역사의 한 페이지가 될 수도 있었다. (이후 그는 1958년 김일성에 의해 숙청됐다고 전해진다)

　그러다 2000년 한국영화 시장에서 유영식 감독의 〈아나키스트〉라는 제목으로 의열단이 다시 등장한다. '삶은 산처럼 무거우나 죽음은 깃털처럼 가볍다'는 의열단원 한명곤(김상중 분)의 말은 관객들에게 강렬한 임팩트를 주기에 충분했다. 그들은 아나키스트, 즉 무정부주의자였을까? 무정부주의자가 의열단이란 병치는 어쩌면 실제 단장 김원봉이 월북을 했기 때문이며, 그로 인해 의열단 역시 이념 논쟁에 빠지고, 결과적으로 영화 자체도 영화 미학이나 대중성보다는 이념의 잣대로 평가받는 위험을 피하고자 함이 아니었을까? 그러나 그 의도야 어쨌든 이 영화는 흥행에 실패했다. 의열단을 알리고 그들에 대한 역사의식을 담은 수작(秀作)에 대한 대중의 저평가에 아쉬움과 과제를 남겼다고나 할까. 그러나 〈아나키스트〉가 의열단을 알리고 그 단장 김원봉에 대한 기억을 대중적으로 환기시키는 계기를 준 것만은 확실했다. 이 부분은 앞으로 한국영화 연구에서 본격적으로 조명될 필요가 있을 것이다.

이후 2015년 최동훈 감독의 〈암살〉에서 의열단의 존재는 본격적으로 부각되었다. 비록 주연은 아니었지만 조승우가 특별출연 형식으로 김원봉 의열단장 역을 맡아 애국적이며, 단원들을 아끼는 인간미 넘치는 독립운동 지도자로서 김원봉을 다시 조명했다. 그 연장선에서 2016년 〈밀정〉에서 김원봉은 역사의식과 카리스마 그리고 유머를 갖춘 애국지사형 정채산으로 거듭난다. 정채산이 이정출과 함께 밤바다를 보며 언급한 위의 말은 이정출에게 자신의 이익과는 상관없이 행동해야 할 때가 있음을 인식하게 했을 것이다. 요컨대 〈밀정〉의 흥행 성공을 통해 김원봉은 애국적 의열단장이자 역사의식과 카리스마를 지닌 지도자로서 확실히 대중에게 각인되었다고 할 수 있으며, 의열단 역시 그럴 것이다.

이정출 역시 예외가 아니다. 〈암살〉에서 일제와 일본경찰의 밀정 역할을 한 임시정부 경무국 대장 염석진(이정재 분)은 이정출이라는 인물과 오버랩 된다. 영화에서 설정한 시기상으로 보면 염석진은 1930년대, 이정출은 1920년대 인물이지만 실제 영화의 상영으로 보면 염석진이 앞서는 구조다. 두 인물의 유사성은 두 영화의 구조적 유사성과 연결된다.

〈암살〉의 여자 독립군 저격수 안옥윤(전지현 분)도 마찬가지다. 이에 해당하는 〈밀정〉의 인물은 연계순이라 할 수 있다. 연계순의 모델이 당대 여자 의열단원 현계옥이라는 것을 염두에 두면, 어쩌면 현계옥에 더 가까운 인물은 감옥에서 죽는 연계순이 아니라 저격수로 살아남아 끝까지 암살의 임무를 다하는 안옥윤이 아닐까? 이렇게 〈암살〉과 〈밀정〉은 연장선에 있다.

다시 말하면 〈아나키스트〉에서 시작하여 〈암살〉을 거쳐 〈밀정〉까지의 상영은 2000년 이후 한국영화의 의열단 3부작의 전개라고 평가할 수 있다. 그러면 3부작의 마지막이라 할 수 있는 〈밀정〉만의 시각과 의미는 어디에 있을까.

그것은 이정출에서 단적으로 나타난다. 전술한 것처럼 이정출을 〈밀정〉에서는 의열단을 도운 밀정으로 극화하지만, 실제 인물 황옥은 의열단원인지 일본경찰의 밀정인지 알 수 없다. 의열단과 그 단장에 대한 평가가 역사와 영화에서 변하지 않으며, 일관성 있게 발전하고 있는 것과는 대조적이다. 이렇게 이정출과 황옥에 대한 평가에서 영화와 역사가 갈라서는 지점이 영화를 통한 역사의 상상과 기억의 미학이 형성되는 곳이다. 이 지점에서는 영화의 인물과 역사의 인물은 더 이상 동일 인물이 아니다. 영화의 인물은 새로운 의미를 가진 독립적 캐릭터로 되살아난다.

이정출이 그렇다. 그는 이제 황옥도, 일본의 밀정도 아닌 우리의, 관객의 밀정이 된다. 이정출을 통해 영화를 보는 이들은 각자 자신의 기억을 불러 온다. 그 기억 속에는 역사에 대한 다양한 상상은 물론 자신의 과거, 과거 속에 남아 있는 자신을 다시 불러내기도 할 것이다. 어쩌면 그렇게 불려온 나의 모습은 이정출의 그것과 다르지 않을 것이다. 우리가 이정출의 모습에서 공감을 느낀다면 그가 의열단을 도운 밀정이라서가 아니라 시대와 사회의 거센 물결 속에서 자신의 신념조차 알 수 없을 정도로 살아온 우리들의 모습 때문일 것이다. 일본경찰의 밀정 이정출에게 관심을 가지는 것은 내가 밀정의 역할을 한 적이 있음이고, 이정출이 밀정이 아닌 것은 그럼에도 내가 밀정이 아니기 때문이다.

역사적 상상과 개인의 기억이 하나의 연장선으로 연결될 수 있게 하는 것은 영화 미학의 힘이다. 넓게 보면 〈아나키스트〉와 〈암살〉에서 조명된 의열단원의 활동에 대한 재구성도 역사의 기록에 대한 영화미학적 상상과 기억의 힘을 보여준다. 영화를 통해 역사의 기록은 기억과 상상의 두 영역으로 새롭게 만나게 된다. 그것은 역사 기록을 통해서는 볼 수 없는 미학의 힘이다. 우리의 인생도 이런 미학의 힘에서 벗어날 수 없음을 〈밀정〉은 보여주고 있다.

조우호　현재 덕성여자대학교 독어독문학과 교수이다. 또한 한국미디어문화학회 회장이자 일간지 『헤럴드경제』의 고정 칼럼니스트로 활동하고 있다. 독일문학, 문화학, 경제학, 자연과학에 관련되는 많은 논문을 발표했다. 대표적인 논문으로 「괴테와 자본주의 사상」,「18세기 후반에서 19세기 초까지의 독일문학을 중심으로 한 인문학적 통합 지식의 패러다임 연구」,「괴테의『색채론』에 나타난 자연과학 방법론」,「문학에 투영된 경제관」,「문예궁정과 문화정책」 저서로는『문학의 탈경계와 상호예술성』(공저, 2009), 번역서로는『책. 사람이 읽어야 할 모든 것』(2003),『빌헬름 마이스터의 편력시대』(공역, 1999) 등이 있다.

독재에 항거하다
— 조선의 밀정 작전

천현순

> 모든 사람들은 자신의 이름을 어디에 올려야 할지를 정해야 할 때가 옵니다.
> 당신은 어느 역사 위에 이름을 올리시겠습니까?

영화라는 매체는 과연 어느 정도로 과거의 역사를 재현해낼 수 있을까? 독일의 문화비평가 알라이다 아스만 (Aleida Assmann)은 그녀의 저서 『기억의 공간』에서 과거에 대한 기억은 역사를 경험한 경험자에 의해서 뿐 아니라 문자, 그림, 장소 등과 같은 다양한 매체들을 통해서도 일어난다고 언급한다. 이러한 매체들은 이미 망각된 것들을 다시 기억하게 해주는 기능을 한다는 것이다. 김지운 감독의 영화 〈밀정〉은 과거의 역사를 영화라는 매체를 통해 다시 기억하게 해준다는 점에서 특별한 의미를 지닌다. 여기서 김지운 감독의 영화가 갖는 독특한 점은 지나간 과거를 있는 그대로 사실적으로 재현해낸다기보다는 오히려 과거적 사실과 허구적 상상력을 통해 재구성해낸다는 점이다. 즉 그의 영화는 '기억의 공간'으로서 과거의 역사와 현재의 관객 사이를 영화적 재구성을 통해 매개해준다. 김지운 감독의 영화적 독특성은 또한 영화의 주인공이 갖는 이중적인 성격과도 밀접히 맞물려 나타난다. 영화에서 이러한 것들이 구체적으로 어떻게 표현되고 있는지를 영화 〈밀정〉의 주인공으로 등장하는 이정출을 중심으로 좀 더 심도 있게 짚어보도록 하자.

팩트와 픽션 사이

2016년에 제작된 김지운 감독의 〈밀정〉은 일제강점기인

1923년에 실제로 일어났던 역사적 사건 '황옥 경부 폭탄 사건'을 모티브로 하여 만들어진 작품이다. 영화에서 송강호가 연기한 이정출은 실제로 생존했던 역사적 인물 황옥을 모델로 한 캐릭터이다. 그렇다면 황옥은 어떤 인물이었으며, 영화에서 그를 모델로 한 이정출은 어떤 인물일까? 황옥은 1887년 5월 3일 경북 문경에서 유복한 집안의 아들로 태어났으며, 어렸을 때부터 총명하고 머리가 좋은 아이였다고 한다. 그는 청소년기에 도천학교에서 신교육을 받았으며, 1909년 도천학교가 폐교되자 일제 통감부 재판소에서 서기 겸 통역생으로 활동하였다. 황옥은 일제 통감부에서 일만 한 것이 아니라 독립운동을 위해 잠시 상하이에 있었다고 한다. 그러나 상하이에서 일본의 밀정으로 의심을 받게 되자, 황옥은 다시 고국으로 돌아와 상하이 임시정부에서 정탐한 정보들을 일본 경찰에 넘겨주는 대가로 경기도 경찰부 고등경찰과 경부로 출세하는 행운을 얻게 된다. 그가 일제강점기에 독립운동가들을 탄압했던 일본 경찰부 간부로 활동하였다는 사실은 그가 비록 상하이에서 독립운동가들을 도와

주었음에도 불구하고 조국과 민족을 배신한 반역자로 각인시키게 한다.

황옥을 둘러싼 이러한 불분명한 시각은 1923년 실제로 일어났던 '황옥 경부 폭탄사건'을 통해 극명하게 드러난다. 이 사건은 1923년 3월 황옥이 김시현을 주축으로 한 의열단원들과 함께 상하이에서 제조된 폭탄을 경성으로 옮기는 일에 적극적으로 가담한 사건이다. 당시 황옥이 이 사건에 가담하게 된 동기는 김시현과 의형제를 맺고 동지로서 결합하면서부터이다. 또한 그는 1923년 2월 김시현과 함께 상하이에서 의열단의 단장인 김원봉과 만나 대규모 폭탄반입 작전을 계획하게 된다. 그러나 국내 폭탄반입 작전은 조선인 출신의 또 다른 일본의 밀정들에 의해 모두 발각되고 황옥과 김시현은 이 사건에 대한 책임을 물어 각각 징역 10년 형을 언도받게 된다.

그러나 황옥이 김시현과 함께 국내 폭탄반입 작전에 참여한 근본적인 이유가 독립운동을 위한 것이었는지, 혹은 일제의 밀정으로서 은밀히 잠입한 것이었는지는 아직까지도 분명히 밝혀내지 못하고 있다. 과연 황옥은 어떤 인물이었을까? 김지운 감독의 영화는 바로 황옥이라는 실제 역사적 인물이 갖고 있는 이러한 불분명한 시각을 이정출이라는 허구적 인물을 통해 재해석하고 있다. 이로써 그의 영화는 역사적으로 여전히 미스터리로 남겨진 황옥이라는 인물에 대해 새로운 평가를 내리고 있다고 볼 수 있다. 즉 김지운의 영화는 황옥이라는 역사적 인물을 영화라는 매체를 통해 다시 재구성함으로써 그를 둘러싼 새로운 평가를 이끌어내고 있다. 이때 그의 영화는 역사적 사건을 다큐멘터리 방식으로 있는 그대로 보여주기보다는 감독의 주관적인 시각을 통해 새롭게 재해석을 시도한다.

영화에서 실제 역사적 사건과 다르게 묘사된 부분은 크게 두 가지 측면에서 살펴볼 수 있다. 우선 기차 안에서의 총격전인데, 영화에서 이 장면은 실제 역사적 사건과는 달리 김시현을 모델로 한 김우진을 주축으로 한 의열단원들과 이들의 뒤를 미행하는 하시모토 경찰, 그리고 이들 사이를 갈팡질팡 오가는 이정출 사이에서 벌어지는 긴박감 넘치는 혈투장면으로 묘사하고 있다. 영화에서 실제 역사적 사건과는 달리 허구적으로 처리한 또 다른 장면은 이정출이 재판을 받고 형무소에 갇힌 후 출소하여 그의 상사 히가시 부장과 경찰간부 구락부 건물을 폭파시키는 장면이다.

실제로 1923년 8월 7일과 8일 이틀간에 걸쳐 경성지방법원에서 공판이 있었을 때, 황옥은 법정진술에서 "김시현으로부터 폭탄을 넘겨받아 경찰부에 압수시키려고 한 것과 경찰부에 미리 보고하지 않은 것은, 상하이로부터 실행자가 오면 모두 검거하기 위함이었다."[1]고 진술한다. 또한 황옥은 법정 최후 진술에서 "경찰관리로서 임무를 완수하기 위해 노력하였고, 대대적인 성공을 거두면 장차 경시까지 시켜 줄 것이라 굳게 믿었다고 말하면서, 눈물을 머금고 죄 없다고 변명하였다."[2] 이러한 그의 법

---

1 황용건, 『문경 한두리의 재발견: 기억해야 하는 역사』, 한국학술정보, 2009, 80쪽 재인용.
2 위의 책, 81쪽 재인용.

정진술은 그가 의열단과 함께 국내 폭탄반입 작전에 적극적으로 가담하였음에도 불구하고 그를 민족의 배신자로서 각인시키게 만든다.

김지운 감독의 영화 〈밀정〉은 바로 이 장면에서 황옥을 모델로 한 이정출을 통해 그가 왜 법정에서 그와 같은 진술을 하였는지에 대한 본래 계획을 보여준다. 즉 영화에서 이정출이 재판장에서 그는 일본 경찰로서 의무를 다했을 뿐이며 의열단은 아니라고 진술한 것은 폭탄테러를 성공적으로 이행하기 위한 거짓진술이었음이 드러난다. 이러한 거짓진술로 인해 이정출은 한 달 후 석방되고 김우진과 원래 계획했던 폭탄테러를 성공적으로 이행할 수 있게 된다. 영화의 이러한 허구적 재구성은 황옥에 대한 역사적 평가를 새롭게 하며, 또 관객들로 하여금 황옥에 대한 불분명한 시각을 다시 한 번 재고할 수 있도록 한다. 바로 여기에 김지운 감독의 영화적 매력 포인트가 숨어있다고 볼 수 있다. 이처럼 김지운 감독의 영화 〈밀정〉은 역사적 사실과 영화적 허구, 즉 팩트 fact와 픽션 fiction이라는 혼합적 재구성을 통해 관객들로 하여금

역사적 인물이 남겨놓은 빈 공간을 상상력을 통해 다시
한 번 생각해 보도록 유도한다.

폭력과 혁명 사이

1920년대 일제강점기에 실제 역사적 인물이었던 김원봉
을 단장으로 한 의열단이 내세운 궁극적인 목적은 혁명
을 통한 조국의 독립이었다. 의열단은 조국의 독립을 위
해서는 혁명이 필연적임을 인식하면서 신채호에게 『조
선혁명선언』의 집필을 요청한다. 1923년 신채호가 작성
한 「조선혁명선언」에는 조선의 독립을 위해서는 혁명이
절실히 필요하며, 이러한 혁명은 오로지 폭력을 통해서
만 가능하다는 것을 다음과 같이 역설하고 있다.

  민중은 우리 혁명의 대본영大本營이다. 폭력은 우리
혁명의 유일한 무기다. 우리는 민중 속에 가서 민중과 손을
잡고, 끊임없는 폭력·암살·파괴·폭동으로써, 강도 일본의 통

치를 타도하고, 우리 생활에 불합리한 일체 제도를 개조하여, 인류로써 인류를 압박치 못하며, 사회로써 사회를 수탈하지 못하는 이상적 조선을 건설할지니라. [3]

일제강점기에 신채호가 작성한 「조선혁명선언」은 김원봉을 주축으로 한 의열단의 혁명운동에 기폭제가 되었으며, 의열단은 민족의 독립과 생존은 오로지 혁명을 통해서만 가능하다고 보았다. 즉 신채호가 언급한 것처럼 의열단은 혁명의 유일한 무기는 폭력이며, 폭력을 통해서만 새로운 세상을 건설할 수 있다고 생각하였다.

김지운 감독의 영화 〈밀정〉에서 이정출이 마지막에 행한 폭탄테러를 통한 파괴는 이러한 의열단의 혁명의식을 잘 보여준다. 영화의 마지막에서 이정출은 행사파티가 열리고 있는 일본 경찰부에 몰래 잠입하여 폭탄을 장

---

3   조한성, 『한국의 레지스탕스. 야만의 시대와 맞선 근대 지식인의 비밀결사와 결전』, 생각정원, 2013, 129쪽 이하 재인용.

착한 후 건물을 폭파시킨다. 영화에서 이러한 그의 행동은 그의 동지이자 친구였던 김장옥의 죽음에 대한 복수와도 밀접히 연관되어있음을 알 수 있다. 이는 그가 히가시 부장에게 김장옥의 사망증명서와 그의 엄지발가락이 함께 담긴 편지봉투를 전달하는 장면에서 암시되고 있다. 영화에서 이정출이 보여준 폭탄테러는 폭력에 해당하지만, 이러한 폭력은 조국의 독립을 가능하게 해주는 혁명의 유일한 수단이자 무기라는 의열단의 혁명의식을 암시해 주는 것이다.

반역자와 애국자 사이

역사적 인물이었던 황옥은 일제가 조선인 출신의 독립운동가들을 색출하기 위해 일본의 밀정으로 활동했던 고급 경찰간부였다. 이러한 그의 경력은 그가 비록 수많은 독립운동가들을 돕고, 그 스스로도 독립운동에 가담하였음에도 불구하고 여전히 그를 일본의 밀정으로 간주하게 만든다. 이 때문에 황옥에 대한 평가는 역사적으로 크게 두 가지 서로 다른 시각으로 나타난다. 한편으로 그는 독립운동가들과 접촉하면서 이들의 편의를 봐주는 대가로 이들에 대한 정보를 일본 경찰부에 넘겨주는 민족의 반역자라는 것이며, 또 다른 한편으로 그는 일본 경찰부에 소속된 간부라는 자신의 신분을 이용하여 수많은 독립운동가들을 지원한 민족의 애국자라는 것이다.

김지운 감독의 영화 〈밀정〉에서 황옥을 모델로 한 이정출은 이러한 황옥의 이중적인 성격을 잘 표출한 도플갱어로 묘사된다. 즉 영화에서 이정출은 한편으로 일본 경찰부에 소속되어 조선인 출신의 의열단을 감시하는 역할을 하지만, 또 다른 한편으로 나라를 빼앗긴 조선인 출신으로서 의열단을 돕는 역할을 한다. 영화에서 이정출은 일본 경찰의 밀정이면서 동시에 의열단의 밀정 역할을 하는 도플갱어로 묘사되고 있다. 더 나아가 이정출은 생존 자체와 삶의 가치, 직업과 조국, 몸의 안녕과 마음의 빛 사이에서 이리저리 갈등하고 괴로워하는 인물로 묘사된다.

영화의 초반부에 이정출은 생존의 안락함을 위해 일본 경찰의 밀정으로 활동하지만, 영화의 후반부에는 마음의 동요를 일으켜 의열단의 독립운동을 적극적으로 도와주는 애국자로 돌변한다. 이는 영화의 마지막에서 이정출이 의열단 김상옥을 모델로 한 김장옥을 밀고한 김황섭을 찾아가 그를 죽이고 김원봉을 모델로 한 정채산에게 독립자금을 전달하는 장면에서도 드러난다. 이러한 그의 심리적 변화는 과연 어디에서 기인하는 것일까? "이중첩자에게도 조국은 하나뿐이요. 그에게도 (이정출에게도) 분명 마음의 빚이 있을 거요. 그것을 열어주자는 것입니다. 마음의 움직임이 가장 무서운 것 아니겠소."라고 말한 정채산의 말처럼 이정출의 심리적 변화에는 마음의 동요가 크게 작용한 것으로 보인다. 역시 그에게도 된장 냄새와 고향에 대한 향수, 그리고 무엇보다도 조선인으로서 느끼는 동포애는 생존 자체의 안락함보다 더 크게 작용하였을 것이다. 그의 심리적 변화에는 또한 의열단 현계옥을 모델로 한 연계순의 죽음도 크게 작용한 것으로 보인다. 이는 그가 형무소에서 출옥하던 날 아침에 연계순의 죽은 시체를 보고 통곡하는 장면에서 암시되고 있다. 이런 점에서 이정출은 비록 자신의 이기적인 안락함을 위해 일본의 밀정으로 활동하기는 하였지만, 그럼에도 불구하고 자신의 마음까지도 속일 정도로 냉담한 냉혈인간은 아닌 것으로 그려진다. 그에게는 몸의 안녕보다는 마음의 움직임이 더 크게 작용한 것으로 보이며, 바로 이런 점에서 이정출은 영화에 등장하는 또 다른 일본의 밀정들과는 다르다는 점을 알 수 있다. "모든 사람들은 자신의 이름을 어디에 올려야 할지를 정해야 할 때가 옵니다. 이 동지는 어느 역사 위에 이름을 올리겠습니까?"라는 정채산의 물음에 이정출은 아마도 일본 경찰의 밀정보다는 의열단의 밀정으로 자신의 이름을 올리고 싶어 했는지도 모른다.

만약 영화에서 이정출 역으로 등장한 실제 인물인 황옥이 불교의 인연설에 따라 대한민국 국민으로서 또다시 태어난다고 한다면, 우리에게 다음과 같이 묻지 않았을까 상상해 본다. '2017년 촛불 혁명으로 이제 옛 정부는 사라지고 새 정부가 들어섰는데 아직도 우리 조국은 통일을 이루지 못하고 있습니다. 당신은 분단된 조국에 살고 싶으십니까, 혹은 통일된 조국에 살고 싶으십니까? 당신은 과연 어느 역사 위에 당신의 이름을 올리시겠습니까?'

천현순 현재 경상대학교 독어독문학과 교수로 재직중이다. 이화여자대학교 독어독문학과 및 동 대학원을 졸업하고 독일 쾰른대학교에서 상호매체성이론으로 문학박사 학위를 취득했다. 저서로 『알렉산더 클루게에 나타난 이미지와 텍스트 사이의 상호매체성: 근대와 현대의 조응을 중심으로(Intermedialitat von Text und Bild bei Alexander Kluge. Zur Korrespondenz von Fruher Neuzeit und Moderne)』, 『매체, 지각을 흔들다』(2012) 등이 있고, 논문으로 「탈활자 문화의 전개양상에 대한 연구」, 「사이언스 픽션에서 사이언스 팩트로」, 「인공수정된 인간에서 복제된 인간으로」 등 다수가 있다.

〈밀정〉
― 애국심의 의미론: 일관성과 혼돈의 줄타기

서송석

〈밀정〉은 사랑 이야기?

〈밀정〉은 애국심에 기반을 둔 영화다. 〈밀정〉은 애국심을 지키려는 자와 애국심을 이미 저버린, 또는 버리려는 자들의 동선을 따라가며 그들의 위태로운, 어쩌면 애초부터 불가능한 공존을 그려낸다. 〈밀정〉은 조국의 독립투쟁을 놓고 벌어지는 첨예한 갈등양상을 애국심이라는 렌즈로 들여다보게 하며 한편으로는 무엇이 애국심을 버리지 못하도록 하는지, 다른 한편으로는 무엇이 애국심과 충돌하는지, 나아가 애국심이라는 게 대체 무엇인지를 묻는다. 이러한 점에서 영화의 시대적 배경이 되는 일제강점기는 친구와 주변 동료들, 그리고 자기 자신의 애국심을 가늠해 볼 수 있는 최적의 무대이다. 그러므로 〈밀정〉에서 관찰되는 애국심을 둘러싼 여러 다양한 모습들은 영화의 내러티브를 엮어가는 식별가능한 장치이자 영화의 흐름을 일관성 있게 짚어갈 수 있는 일종의 나침반 역할을 한다고 볼 수 있다. 하지만 이와 같은 입장에 고개를 끄덕인다 하더라도 〈밀정〉은 애국심이라는 코드가 천만 관객을 끌어들인 주요 동인이라는 주장을 쉽사리 꺼내지 못하게 만드는 보다 내밀한 구조를 형성한다. 더불어 노골적으로 애국심에 호소한다거나 대중들의 애국심을 북돋으려는 목적론적인 취향을 인위적으로 불어넣지도 않으며, 오히려 그러한 주장에 경각심을 불러일으킬 만큼 인물들의 행위의 폭을 다층적으로 넓히고 여기에 촘촘하고 복잡한 감정선을 새겨 넣는다. 그렇기 때문에 〈밀정〉을 애국심이라는 코드로 재구성하려는 이 글의 의도가 불편함을 자아내거나 진부하다는 인상을 끼칠수도 있을 것이다. 그럼에도 필자는 영화 속 긴장관계가 엮어내는 몰입과 성찰의 계기들을 애국심으로 단순히 환원시킨다는 무리수를 피하면서 〈밀정〉에 녹아있는 '애국심'의 의미론, 달리 말해 애국심이 함의하는 문화적 코드를 들추어 보려고 한다. 거창한 표현을 피하고 단순하게 말하면, 이 글은 어떤 사랑에 관한 이야기이다.

애국심은 진부한 코드?

애국심이라는 렌즈로 〈밀정〉을 들여다보면 무엇이 보일까? 애국심(愛國心)이라는 개념을 '조국을 사랑하는 마음'으로 바꾸어 이해할 수 있다면, 여기에는 먼저 '조국'이라는 대상과 '사랑하다'라는 행위가 각각 안고 있는 의미들이 녹아 있을 것이다. 그리고 이 두 항을 묶는 행위자, 곧 조국을 사랑하는 한 사람의 마음이 엮여 있다. 문제는 '조국'과 '사랑', 그리고 이 개별 의미들을 연결하는 행위자의 심성과 태도 그리고 의식구조가 그리 간단치 않다는 데에 있다. 이러한 점에서 〈밀정〉은 조국을 사랑하는 자들이 겪는 혼돈의 이야기이다.

영화는 애국심을 자극하기에 충분한 사건들로 곳곳을 채운다. 의열단원인 김장옥이 총으로 머리를 겨누어 자결하는 영화의 강렬한 첫 장면과 교복 차림의 앳된 청년—비록 위장일지라도—이 건네받은 폭탄을 자전거에 싣고 조선총독부 안으로 유유히 바퀴를 굴리는 마지막 장면은 그 상반된 이미지에도 불구하고 그들의 동일한 노정을 암시한다. 마주칠 듯 마주치지 않는 시선으로 의열단장 정채산의 말을 담담히 전하는 이 청년의 또박또박한 음성과 죽음을 목전에 두고도 굽힐 것이 없는 김장옥의 꼿꼿한 자세, 쏘아붙이는 눈빛과 거칠게 뱉는 대사는 사뭇 다른 분위기를 자아내지만 전달하려는 내용과 그 내용을 전달하는 사람의 분명한 의도는 김장옥의 마지막 말, "대한독립만세"로 집약된다. 영화는 그 무언가를 쟁취하기 위해 목숨을 던져 꽃처럼 피었다 사라지는 열혈청년들의 활약상을 장면 곳곳에 배치시킨다. 총탄에 떨어져 나간 엄지발가락, 자기 스스로 잘라 내뱉어버린 혀, 뚝뚝 흐르는 피와 살점들, 그리고 지워지지 않는 고문의 흔적들은 한줌의 재가 되는 것을 두려워하지 않는 젊은이들의 항전 의지를 영화의 관객들에게 전이시킨다. 〈밀정〉을 보는 관객들은 지난 수십 년간 다양한 미디어들을 통해 각인되어왔던 독립투사들의 전형적인 캐릭터들을 지루해하기보다는 관대히 보아 넘기고, 심지어는 분노와 억울함, 그리고 무기력함이 뒤섞인 채 밀려드는 감동을 거부하지 않으면서 그러한 전형성 안에 간직되어 있는 의연함과 올곧음의 근원이 어디서부터 시작되는지를 묻는다. 그들의 행동 동기는 도대체 무엇일까? 그리고 만약 나라면 어떤 선택을 하게 될까? 영화가 의도했든 의도치 않았든, 관객들은 장면에 대한 감정이입과 애국심에 대한 자기테스트를 교차시키며 우리의 관심 인물인 밀정 이정출의 심리를 추적한다.

번번이 그렇듯이 독립운동가들은 일본 순사들에게

쫓기다가 포위된다. 그리고 순사들의 선봉에는 또 번번이 그렇듯이 독립투사들의 은밀한 활동을 저지하려고 온갖 정보들을 주워서 팔아먹는 매국노들이 있다. 그렇기 때문에 조국을 등진 자들을 향해 쏟아붓는, 조국을 지키려는 자들의 증오심은 어느 면에서는 직접적으로 조국을 짓밟은 일본제국주의자들에 대한 적개심을 넘어선다. 바로 이 지점, 허물어진 조국을 다시 세우려는 자들과 허물어진 조국을 아예 기억에서 지우려는 자들의 틈바구니에서 엉거주춤 서 있는 한 인물, 일본경찰의 밀정이자 의열단원의 밀정으로, 변절자와 독립투사의 갈림길에서 우왕좌왕하는 한 인물, 그래서 때로는 어느 진영을 위해 일하는지 그 자신도 분간하지 못하는 인물, 이정출이 있다.

같은 물음 다른 대답

영화의 처음과 마지막 시퀀스에서 이정출이 던진 동일한 질문에 대한 상이한 대답은 사뭇 흥미롭다. "넌 이 나라가 독립이 될 것 같냐?" 친구인 김장옥에게 던진 이 외마디 질문은 이미 스스로 그 물음에 대한 해답을 갖고 있을 뿐만 아니라 그를 회유해서 생포하려는 목적 외에 별다른 의미를 두지 않기 때문에 건조한 메아리로 되돌아올 뿐이다. 오히려 이 질문은, 한 때는 이정출을 친구라고 여겼던 김장옥의 경멸 섞인 비판에 대한 대답으로 간주된다.

　"윗놈들은 나라 팔아먹고, 너 같은 놈들은 동포 팔아먹고. 그래서 먹고 살 만하냐, 더러운 매국노들."
　"넌 이 나라가 독립이 될 것 같냐? 어차피 기울어진 배야."

　쥐새끼처럼 빠져나갔다가 기울어진 그 배에 어느새 다시 오른 이정출은 조선 갑부 김황섭에게 같은 질문을 던진다.

　"독립이 될 것 같소, 영감은?"

"너 같은 놈들이 있으니까 되기야 되겠지."

역설적으로 독립에 필요한 군자금은 이 친일 매국노의 돈주머니에서 흘러나온다. 이정출이 그의 대꾸에 얼마나 만족스러워했는지는 몰라도 김황섭은 이정출의 의식에 새롭게 각인된 조국의 회복과 애국에 대한 정당성에 힘을 불어 넣어주기라도 하려는 듯 독립이라는 단어를 유언처럼 내뱉는다. 이처럼 동일한 물음과 상이한 대답 사이에서 관찰되는 묵직한 차이의 맥락은 위태로운 선택의 고비를 곡예사처럼 줄타기하며 넘어 온 이정출의 복잡한 인생노정과 맞물려 있다. 결사항전을 두려워하지 않는 김장옥의 면전에 선 그와 순박한 자전거 청년에게 군자금과 폭약을 전달한 그, 군자금을 마련하기 위해, 또한 자신의 친구를 팔아넘긴 파렴치 범죄에 대한 앙갚음으로 조선 갑부에게 총부리를 겨눈 그는 얼마나 다른 모습인가? 어둠 속에서도 빛을 발하던 그의 제복이 암시하듯이 치밀한 노련함으로 자기임무의 궤도에서 이탈해 본 적이 없는 그가 '어차피 기울어진 배'에 오르는 결단을 하게 된 이유는 무엇일까?

사랑의 대상으로서의 조국

조국을 가슴에 품는다는 것은 귀속성과 배타성, 우연성
과 필연성이 얽히고설킨 복잡한 심리구조와 연관된다.
사람은 누구든 태어나자마자 필연적으로 자신의 조국
에 속하게 된다. 하나의 조국에 귀속된다는 것은 다른 조
국으로 귀속될 수 없다는 뜻이며, 조국은 내 아버지가 한
분이듯, 내게는 하나뿐이다. 이정출을 끌어들이려는 의
열단장 정채산도 그렇게 말했듯이 이중첩자에게도 조국
은 하나다. 그러므로 아버지가 두 분이거나 아버지를 마
음대로 바꿀 수 없는 것처럼, 한 사람에게 두 개의 조국
―두 개의 국적은 있을 수 있어도―은 있을 수 없는 일이
다. 하늘 아래 두 임금을 섬길 수 없고 하느님과 재물을
동시에 사랑할 수 없듯이 조국의 귀속성은 필연적으로
배타적 특성을 갖는 것이다. 다른 한편으로, 하나의 조국

에 속하는 문제는 내가 그 조국을 선택하지 않았다는 점에서, 달리 말해 한 가문과 인연을 맺고 그 가문의 후손으로서 삶을 영위한다는 것은 내가 내 조상과 부모를 자율적으로 선택하지 않았다는 점에서—이를 운명이라고 부를 수도 있겠지만—일종의 우연적 산물이다. 우연은 계기나 동기를 묻지 않는다. 우연은 자신의 출현을 거부당하는 법이 없다. 인과관계는 늘 허술하다. 그렇기 때문에 오히려 더욱 강력하며 무조건적인 영향력을 발휘할지도 모른다. 오이디푸스의 이야기가 강렬한 이유는 아마도 이러한 우연적 사건들의 연속 때문이 아닐까? 그러므로 가슴에 조국을 품는다는 것은 우연과 필연이 마치 씨줄과 날줄이 엇갈리면서 짜인 베처럼 풀어헤치기 어려운 마음의 태도이자 감정 표출의 동인이라고 할 수 있다. 여기서 한 가지 의문점이 고개를 든다. 애국심의 대상으로서의 조국과 행위로서의 사랑은 반드시 필연적인 접합 관계에 놓여 있는가? 우연성으로 선택된 자신의 조국에 연정을 품는 것이 어떻게 필연적인 일이 될 수 있을까? 조국애는 어떤 무조건적인 필연성에 의한 이끌림일까?

사랑, 그 마르지 않는 호소

사랑은 일차적으로 ─보통은 그 이유도 모른 채─ 대상에 대한 끌림에서 시작된다. 사랑은 늘 대상에 집중하고 자기 시야에서 벗어나지 않도록 모든 주의를 모으며 대상의 반응에 귀를 기울인다. 사랑은 늘 대상을 향하며 대상이 자기를 끌어당긴다고 저항하지 않는다. 오히려 그러한 끌림에 한 점의 의심도 품지 않을 뿐만 아니라 중단 없는 행위로 자신을 나타내며 호소한다. 그러나 사랑은 그 대상에 만족하는 법이 없다. 왜냐하면, 사랑은 늘 자기가 호소하는 만큼 대상이 호응해 주지 않는다고 믿으며, 설령 대상의 호의를 기대할 만한 모종의 반응이 있다 있더라도 이는 일시적인 효과에 지나지 않기 때문이다. 젊은 귀부인을 향한 음유시인들의 노래가 끊이지 않은 이유가 여기에 있다. 이러한 점에서 사랑은 늘 갈증을 호소한다. 사랑은 마치 마르지 않는 샘물처럼 대상을 향한 끌림을 끊임없이 표출시키려 하지만, 표출된 사랑은 대상의 반응에 따라, 심지어는 대상의 반응을 기대하기도

전에 벌써 말라 버린다. 사랑은 자족을 모르기 때문이다. 사랑은 늘 대상과 결합하려 한다. 그러나 이러한 악순환은 멈추지 않으며 궁극적인 결합은 불가능하기에 좌절한다. 나르시스가 수선화의 운명을 선택했던 이유도 아마 여기에 있으리라.

이처럼 사랑이라는 행위는 그 끌리는 대상이 허락하는 관용과 자비심에 관계없이 고통을 수반한다. 고통은 대상과 사랑 그 자체를 겨냥한다. 사랑은 마르지 않는 샘물이면서도 갈증에 항상 허덕인다. 사랑은 천상의 행복과 나락의 고욕을 자웅동체로 갖는다. 하지만 〈밀정〉이 그려내는 애국심의 표출과 좌절, 그리고 그런 좌절이 엮어내는 슬픈 감동과 여운은 단순히 필연적으로 고통을 수반하는 행위로서의 사랑 때문만은 아니다. 〈밀정〉의 비극적인 내러티브는 사랑의 대상이 처해 있는 암울한 상황으로 인해 보다 어두운 그림자로 덧입혀진다. 대상이 현실세계에서 사라졌기 때문이다.

사라진 대상을 기억하다

사랑의 대상이 지도에서 지워졌다. 오천 년 동안이나 자리를 지켜왔지만 결코 소란스럽지 않았던 내 조국이 사라진 것이다. 제국주의의 무자비한 폭력은 조선인들에게 그들만의 조국을 허용하지 않는다. 그들은 거대한 나무의 뿌리와도 같은 조선인들의 귀속적 권리를 송두리째 앗아갔을 뿐만 아니라 가짜 조국에 몸담으라는 협박과 회유를 일상화한다. 그렇다고 조선인들에게 사랑을 언급하지는 않는다. 그들은 조선인들의 이마에 충성과 복종이라는 글자를 새겨 넣으며 양손에 든 채찍과 당근으로 옛 사랑에 대한 기억을 철저히 통제하고 봉쇄한다. 경무국 부장 히가시는 이런 방식으로 변절자들을 모은다.

"이런 난세에 친구가 따로 있겠나, 먼저 손 내밀어 주는 이가 친구인 거지."

하시모토와 그의 수하들, 김우진의 절친한 동료이자

친구였지만 악질적인 배신으로 폭탄 수송 작전을 망치다시피 한 조회령, 그리고 한때의 열정을 당근으로 맞바꾼 주동성 같은 변절자들이 그렇게 해서 모여 들었고 이들은 조국을 놓지 않으려는 사람들을 또 둘러싼다.

양쪽 진영을 기웃거리던 이정출이 끝내 당근을 버리고 잃어버린 대상을 그리워하는 자들의 편에 서서 같은 곳을 바라보는 이유, 혼돈의 줄타기에서 빠져나와 일관성을 택한 이유는 무엇일까? 김우진과 연계순, 정채산을 비롯한 수많은 애국자들에게 사랑의 대상인 조국은 우선 아쉬운 대로 기억의 형태로 보존된다. 사랑의 대상이 타국의 점령지가 되고 내 조국과 타국의 양립이 허락되지 않는 상황에서 조국은 한편으로는 물리적 공간의 밀려남으로, 곧 만주 또는 상하이에 임시 터전을 마련하면서, 다른 한편으로는 기억 속 공간의 확보 형태로 되살아난다. 조국에 대한 서로 다른 기억을 전부 다 모으는 일이 가능하다면 조국은 하나의 전체로 환생하게 될지도 모른다. 이러한 점에서 기억은 조국에 대한 아우라의 복원이다. 기억 속의 조국은 실제 조국보다 더 풍성하고 아름다우며 숭고하다. 이와 같은 조국에 대한 기억을 공유한다면, 그 기억은 보다 깊이 있고 세분화된 공간을 확보할 뿐만 아니라 다른 영역의 공유 가능성을 상승시킨다. 예컨대, 조국에 대한 반가움과 그리움이 공유되며 밀려난 조국을 제자리에 돌려놓고자 하는 희망과 의지가 공유된다. 마찬가지로 기억의 공유는 삶의 체험의 공유로, 그리고 우정과 연대의식의 공유로, 무엇보다도 고행과 쓰라림으로서의 사랑에 대한 공유로 이어진다. 비유하자면, 사라진 조국을 기억하고 그 기억을 공유한다는 것은, 여러 명의 형제들이 돌아가신 어머니를 각자 자신의 경험과 방식대로 추억하면서 형제애를 다지는 것과 유사하다고도 볼 수 있다.

사랑의 의미론

위험한 도박이었지만 결과적으로는 성공적이었던, 이미 일제에 충성서약을 해버린 이정출을 설득시키기 위한 정채산의 전략은 이러한 기억의 공유를 활용하는 것이었다. 그러한 점에서 다리 역할을 한 김장옥의 효과는 영화의 중반부를 넘어선다. 다행히도 김장옥보다는 오래 살아남아 이정출의 내면을 살필 줄 알았던 김우진은 다음과 같은 쓴 말을 내뱉으며 보다 적극적으로 공유의 반경을 넓힌다.

> "나라 팔아먹는 잠시 몸은 편할지 모르지만 마음에 녹이
> 끼는 거는 평생 가요."

귀속성의 회복과 조국의 필연적 이끌림에 대한 환기이자 호소이다. 집 나간 아들도 가끔 어머니 제사에는 찾아오지 않던가. 형제들은 훈장을 가슴팍에 달고 숨어들듯이 찾아온 그를 나무라기보다는 오히려 그의 손에 닿을 길 없었던 기억의 조각들을 모아 손에 쥐어준다. 그 공유된 기억 속에서 어머니의 품이 되살아난다. 우연이 선사한 뒤바꿀 수 없는 선물이다. 이렇게 대상의 공유는 기억의 공유로, 기억의 공유는 다시 행위자의 의지와 행

동기대의 공유 가능성을 높인다. 이정출이 마음을 돌리게 된 변곡점이 정확히 어디인지 특정하기는 어렵다. 그러나 이정출은 김우진을 만나고부터, 그리고 김우진을 통해 정채산과 그를 따르는 주변 인물들을 알게 됨으로써 사랑의 기억을 서서히 회복한다. 동시에 그들을 보며 잃어버린 대상을 사랑한다는 것이 얼마나 어려운 일인지, 사랑이라는 행위와 조국이라는 대상을 결합시키려는 행위자의 의지와 열망이 얼마나 열악한 상황에 놓여 있는지를 새삼 확인하지만, 그러한 어려움조차도 공유할 수 있다는 사실을 두 눈으로 확인한다. 결국 이정출은 같은 대상을 사랑함으로써 얻을 수 있는 공유 영역의 확대를 몸소 체험하게 된다. 그러한 체험은 짙은 동지애가 아니면 교감할 수 없는 의열단장 정채산의 잠언을 어렵지 않게 소화시킨다.

"우린 실패해도 앞으로 나가야 합니다. 실패가 쌓여 그 실패를 딛고서 앞으로 전진하고 더 높은 곳으로 올라서야 합니다."

글을 마무리할 시점에 되돌아보니 〈밀정〉이 어느새 잃어버린 대상을 사랑하는 이야기가 되어 버렸다. 하지만 이야기를 되돌리기에는 너무 멀리 와 버렸다. 왜냐하면 영화에서 드러나는 애국심의 의미론은 어쨌든 조국을 사랑하는 사람들의 마음에 관한 이야기와 긴밀히 연결되어 있기 때문이다. 다만, 그 대상이 신비롭고 난해할 뿐이다. 지도에서 사라진 대상, 언제 어떻게 회복될지 알 수 없는 대상, 기억 속에 보존되어 있지만 막강한 시간의 힘에 눌려 남아 있는 자취마저 잃을지도 모르는 그 대상을 흠모하는 기분은 자기 애인인 에로스가 얼마나 아름다운지 결코 확인할 길이 없는 프시케, 또는 죽은 아내를 되살리려 하데스의 세계로까지 내려갔지만 결국 혼자서만 빠져 나온 오르페우스의 기분이 아닐까?

앞에서 제기한 '애국심의 대상으로서의 조국과 행위로서의 사랑은 반드시 필연적인 접합 관계에 놓여 있는가' 또는 '조국애는 어떤 무조건적인 필연성에 의한 이끌림일까'에 대한 보다 상세한 대답은 추후로 미루고자 한다. 이렇게 함으로써 〈밀정〉을 다시 보아야 한다는 그럴 듯한 구실이 마련된 셈이다.

서송석 현재 한국외국어대학교, 단국대학교에 출강 중이다. 한국외국어대학교 독일어과 및 동대학원을 졸업하고 독일 뒤셀도르프대학에서 괴테의 소설들을 니클라스 루만의 체계이론으로 분석하여 문학박사학위를 취득하였다. 「사회구조변동과 명예의 의미론」(2015), 「니클라스 루만의 인간과 주체 개념」(2017) 등의 논문이 있으며, 한국괴테학회가 편찬한 『괴테 사전』(2016)에 집필자로 참여하였다.

이정출은 망설이는 존재다.
그렇기 때문에 어느 쪽으로도 변할 수 있는 존재다.
망설이는 동안 이정출은 어떤 생각을 했을까?
무엇이 망설임을 통해 이정출의 행동을 바꾸어 놓았을까?
망설임은 블랙박스와 같다.

일제강점기 선악의 변주곡
— 친일과 항일의 갈림길에서 〈밀정〉의 역설

박정희

광복 70주년을 맞이한 2015년 7월에 개봉되어 '천만 영화'에 이름을 올린 〈암살〉의 후광이던가! 분명 한국영화에는 〈암살〉 이후 그간의 공식을 비껴간 '역사물의 르네상스'가 보기 드물게 시작된 것 같다. 그것도 일제강점기가 배경인 영화들로 말이다. 식민지 내부의 적나라한 모습을 그린 〈동주〉, 〈귀향〉, 〈덕혜옹주〉, 〈밀정〉, 〈박열〉 그리고 〈군함도〉(개봉順)가 바로 여기에 속한다. 일본 식민 통치 시대의 뼈아픈 과거사를 성찰하고 조명하는 영화들의 연이은 개봉이 반갑기도 하지만 불현듯 최근 위태로운 한일 관계의 삐걱거림이 걱정된다.

회색시대, 선악의 변주

이분법적 접근은 왜곡되기 쉽다. 게다가 선악의 구도라니. 세상사가 분명 둘로만 나눠지는 것은 아닐진대. 〈밀정〉 역시 일단 이분법으로 진영을 나눠 역사에 접근한 방식을 취해 오히려 왜곡하기 쉬운 모양새를 갖췄다. 다만, 친일과 항일의 경계, 달리 말해 반역자와 애국자를 오갔던 주인공을 통해 일제강점기 지식인 지형도를 다른 시각으로 조명하는 데 일조했다.

우선 이 영화의 뼈대를 구성하는 구도는 조선인 vs 일본인이다. 당연히 선악과 시비의 대립이라는 태생적 한계를 지녔다. 그러나 상하이에서 경성으로 폭탄을 몰래 반입하려는 조선의 의열단과 그 조직을 궤멸시키려는 일본 경찰 사이에 벌어지는 모략과 암투라는 외피 안에는 친일과 항일을 오가며 회색 지대에 선 조선의 이중스파이 이정출(송강호 분)이라는 핵심 인물의 지그재그 심리가 놓여있다. 상하이 임정에서 활동한 전력으로 보아 그가 처음부터 '일제의 개'(물론 개가 때론 사람보다 낫지만)로 조국을 척진 일본경찰의 앞잡이는 아니었다. 사리사욕만을 위해 어디든 붙을 수 있는 비열한 매국노는 아니라는 얘기다. 게다가 친일 모리배에서 정의로운 영웅으로 변모하기까지 굴곡진 과정은 자기 분열적 정체성을 통해서이다. 하지만 안티 히어로가 영웅이 되는 것이 그리 간단한가?

스피노자에 의하면 생존은 본능이다. 이정출은 본능적으로 (잘) 살기 위해 친일로 돌아선 변절자였고, 후에 다시 항일로 재변신한 이중첩자이다. 따라서 노선이 분명한 개과천선이라고 보기도 아리송하다. 인간적인 친분인지, 빚진 조국에 대한 양심인지 그는 모호한 정체를 보이다가 독립투사들의 조직인 의열단에 포섭되어 어쩔 수 없이 도와주다가 종국에는 폭탄을 터뜨리는 독립투사로 암약한다. "이중첩자에게도 조국은 하나뿐"이라는 정채산의 예언이 적중하듯 말이다. 무릇 난세는 영웅도 이중첩자도 낳는 법이다. 누구나 죽을 때도 '대한독립만세'를 외쳐야 하는 독립군과 애국지사가 될 수는 없는 노릇이다. 나라를 잃은 무법천지 혼란의 시대, 독립운동은 쉽게 선택할 수 있는 당연한 길은 결코 아니다. 오히려 민족 안의 아군과 적군은 이렇듯 누구도 될 수 있다.

오로지 인간만이 선과 악을 구분하고 선과 악을 행한다고 한다. 그러나 우리는 묻지 않을 수 없다. 선과 악으로 해석된 행동은 과연 정말 그러한가? 일단 영화에서 이정출은 양 진영에서 암약한 악의 화신이다. 그러나 누구의 입장에서 설정된 악인가? 선악의 기원만큼은 스피노자에게 그대로 이어받은 프리드리히 니체는 자칭 위험천만한 책으로 일컫은 『선악을 넘어서』(1886)에서 선과 악을 나누는 기준이 절대적인가? 라는 의문을 제기한다. 어쩌면 니체가 따져 물은 선악의 기준으로 판단되지 않는 선악의 변주가 여기에 있는 게 아닐까. 미국으로 망명한 정치철학자 한나 아렌트 역시 "인간성이나 양심은 사회적인 여건에 따라 나타난다."라고 주장하며, 『예루살렘의 아이히만』(1963)에서 '악의 평범성'을 언급했다. 인류사를 뒤흔든 엄청난 사건인 홀로코스트와 비견되지 않지만, 재판 중에 아이히만과 이정출 둘 다 '신념과 명령에 따라 맡은 바 소임을 성실히 이행했다'고 항변한다. 괴물과도 같은 악인의 전형은 아니지만, 이정출이 잠시나마 아이히만과 오버랩된 것은 바로 이 때문이다. 끔찍하지만, 상황에 따라 다르게 표출되는 양심의 윤리가 지배적인 시대이자 도덕적 잣대가 무용한 시대에 윤리도덕의 무오성(無誤性)만을 얘기하지는 말자는 것이다.

개인의 판단과 심리 변화에 집중한 이 영화는 따라서 독립투사와 애국지사들이 일본군과 직접 싸우는 의거 과정을 상세히 그린 〈암살〉이나 위안부로 일본군에게 강제로 끌려가 평생 잊을 수 없는 생채기를 오롯이 담은 〈귀향〉처럼 영화를 보는 내내 가로지르는 민족주의나 과잉 애국심을 강요하지 않았다. 오히려 심리첩보물처럼 인물의 내면 변화에 집중하여 치밀한 액션 연출을 이끌었다. '누군가는 밀정이 될 수밖에 없는 시대의 질곡'을 언급한 감독의 의도처럼 이 영화는 역사의 비애에 갇힌 악과 선이 혼재된 인간심리를 탐사하도록 만들었다. 자칫 도식적인 적과 동지 혹은 매국과 호국 사이를 심연처럼 갈라놓지 않은 구도가 압권이다. 따라서 전형적인 친일 모리배가 벌인 악행에 대한 단죄나 권선징악의 밋밋하거나 빳빳한 결론도 일단 아닌 셈이다.

역사적 사건의 환기로서 팩션의 전성시대

이 영화는 역사적 사건에서 모티브를 따왔다. 바로 1923년 '황옥 경부 폭탄 사건'이다. 일제강점기의 실존 인물인 "황옥"이라는 사람의 이야기다. 그는 원래 독립운동에 가담했다가 변절해 조선 총독부 경무국 경부(현재 경감)로 들어갔다. 그의 역할은 독립군에 잠입, 염탐, 포섭하려던 밀정이었다. 독립운동가에서 독립투사의 사냥꾼이 된 것이다. 〈밀정〉에서 이정출 역시 독립운동조직원의 동정과 동선을 파악하는데 주력한다. 일본 경무국의 목표는 의열단 단장 정채산의 제거와 조직원의 일망타진이었다. 하나뿐인 목숨을 내놓은 험난한 독립운동과 출세욕과 공명심을 채우고 부를 거머쥘 수 있는 일본의 앞잡이 노릇이라는 둘 사이의 갈림길에 놓였던 당대 지식인에 속한 황옥이나 이정출은 후자를 택한 것이다.

그러나 둘은 사회도덕의 분별력도 없이 그저 사적 욕망에 포박되지 않은 모양새이다. 접선 과정에서 도움을 간청하는 독립투사를 만나고 이정출은 마음의 요동과 함께 회유를 당한다. 결국 그는 일본의 주요 거점을 폭파하기 위해 상하이에서 경성으로 폭탄을 가져오는 작전을 펼친 의열단을 오히려 도와주게 된다. 의열단 쪽에서 보면 일본경찰에 심어놓은 스파이가 되고, 일본 경찰 쪽에서 보면 의열단을 잡기 위한 첩자가 된 것이다. 적이 아닌 적과의 동침인 셈이다. 독립군과 일본경찰 쌍방 간의 교란, 회유, 포섭 등 암투와 혈투가 전개되며 팩트는 픽션과 어우러져 긴장감을 조성한다.

황옥이 일본의 밀정인가 아님 독립운동가 인가를 놓

고 학자들 사이에서 여전히 의견이 분분하다. 실존 인물로 분명 독립군을 일망타진한 밀정도 맞고, 총독부 시설에 폭탄 투척 및 요인 암살을 돕다 내부자의 밀고로 붙잡혀 1923년에 10년 형을 선고받아 복역한 기록도 있다[4]고 한다.

이렇듯 팩트(fact)에 기반한 픽션(fiction)인 팩션(faction)은 역사적 사건을 재소환하는 데 용이하다. 게다가 역사적 기록의 치밀한 고증에 대한 강박도 없는 데다, 상상의 허구적 내용이 가미되어 관객의 호기심을 자극할 수 있다. 이 영화에서 역사적 사실과 맞닿아 있는 실명은 모두 바뀌어 역사 왜곡의 혐의 역시 비껴갔다. 황옥은 이정출 김시현은 김우진, 김원봉은 정채산, 김상옥은 김장옥, 현계옥이 연계순으로 말이다. 의열단원이 남긴 족적은 이들 인물들에게서 신화적 전형으로 되살아남으로써 흡인력을 높인다.

---

4 국가기록원, 독립운동 관련 판결문. (http://theme.archives.go.kr)

이미 팩션 사극은 TV드라마에서 애용된 장르이다. 사실과 허구의 줄다리기 사이에서 시청자는 역사에 대한 관심과 궁금증을 해소하기 때문이다. 정통사극은 역사적 사실을 재연하는 것에 중점을 두며, 퓨전사극은 역사적 재해석에 방점을 두어 작가의 상상력으로 채워진 허구를 중심으로 펼쳐진다. 따라서 팩션사극 역시 퓨전사극에 해당한다. 시청자의 몰입도를 높이기 위해 상상력을 더하기 시작한 판타지 역사물은 2000년대 중반[5]에 시작되었다. 과거 사극이 최대한 실제 사건에 가깝게 '고증'하

---

5 2016년은 사극열풍을 뛰어넘어 팩션사극이 영화계는 물론 공연계 전반에 유행처럼 퍼졌다. 대중문화에서 팩션의 시작은 2003년 댄 브라운의 소설 『다빈치 코드』로 거슬러 올라간다. 바티칸을 둘러싼 실제 같은 음모에 전 세계 독자들이 열광했고 이후 톰 행크스 주연의 영화로 만들어졌다. 이에 자극받아 우리나라에서도 정통 사극에 상상력을 더하기 시작했다. 우리나라 최초의 HDTV드라마 〈다모〉(2003)가 팩션 사극의 시발점이라고 드라마평론가인 충남대 윤석진 교수는 진단한다. 이후 〈대장금〉(2004), 〈해신〉(2005), 〈불멸의 이순신〉(2005) 같은 드라마가 만들어졌다. 끊임없이 역사적 고증에서 논란을 일으켰던 정통 사극 대신에 작가적 상상력이 들어간 팩션 사극은 작가에게 소재 갈증을 풀어준 대안으로 자리 잡았으며 상상력이 완벽하게 역사에 녹아든 웰 메이드 사극으로 진화했다. 영화도 팩션을 적극 수용해 〈왕의 남자〉(2005), 〈음란서생〉(2006), 〈방자전〉(2010), 〈최종병기 활〉(2011) 등 독특한 아이디어를 기반으로 대중의 사랑을 받으며 흥행몰이를 했다.

는 데 중점을 두었다면, 최근 사극은 배경과 모티브만 가져오고 인물과 사건을 새롭고 교묘하게 각색해 끼워 넣는 방식이다. 흥행몰이를 한 팩션 사극·시대극 영화는 〈광해〉, 〈관상〉, 〈역린〉, 〈군도〉, 〈명량〉, 〈해적〉, 〈협녀〉, 〈사도〉 (개봉順) 등이다.

제대로 청산되지 않은 역사의 잔재를 여전히 환기해야 하는 것은 분명 민족적 비극이다. 그리고 과거사 청산에서 불거진 논란들을 종결시켜야 하는 것은 후세의 몫이다. 실제 역사에 입각한 항일독립운동영화의 르네상스는 그래서 역설적으로 매력적으로 다가온다.

〈밀정〉의 역설

우리 사회는 여전히 일제시대의 친일 시비로 몸살을 앓는다. 매국노의 친일행적에 대한 논란이 언제까지 지속되어야 하며, 어떻게 매듭지어야 할까? 이 영화는 바로 이 지점에 대한 딜레마를 보여준다.

밀정(密偵)의 사전적 의미는 세작, 첩자 혹은 간첩의 동의어로, 어떤 사실을 알아내기 위하여 남몰래 엿보거나 살피는 스파이를 일컫는다. 이 영화의 구도는 의열단 내의 밀정과 일본 총독부 속의 밀정 사이의 밀고 당기기이다. 조선의 의열단과 일본의 경찰 사이에 벌어지는 모략과 암투를 첩보스릴러 장르에 대입시킨 것이다. 신분을 감추고 은밀하게 국가나 단체 혹은 어떤 대상의 정보와 기밀을 알아내어 적대 관계에 있는 상대편 혹은 자신의 편에 넘겨주는 것을 전문으로 하는 이 고위험 비즈니스에는 보통 (적대관계의) 이해당사자가 있다. 내부에 있으면서 외부의 세력에 호응하여 이적 행위를 하는 그 자체가 아름답지는 않다. 하지만 어느 편에 서야 하는 선택을 강요받는 자에게는 언제든지 버림받을 수 있는 위험이 도사리고 있는 것처럼 배신의 계산도 깔려있다. 동지인가, 적인가? 독립운동가인가, 일제 앞잡이인가? 라는 물음에 〈밀정〉은 그 양자택일의 갈림길이 결코 단순하지 않음을 보여준다. 의열단과 경무국 사이의 명분과 실리, 이성과 감성, 의분과 공포를 오가는 이정출의 민낯은 그래서 우리의 과거사를 반추하는 데 안성맞춤이다.

친일파 정의 문제는 1948년 제헌국회에서 제정된 「반민족행위처벌법」에 규정되어 있고, 이 법은 이후 친일 시비에서 기준이 되었다. 이 법에 따르면 친일파는 일제의 정책에 단순히 참여·협력한 차원을 넘어 적극적으로 동조·찬양하여 동족을 곤경에 빠뜨린 사람으로 국한했다. 그러나 애석하게도 친일파 청산문제는 어렵게 발족한 '반민족행위특별조사위원회'가 1년도 채 안 되어 친일파의 책동으로 해산되면서 사실상 무산됐다. 그리하여 역사 속 실제 인물 '황옥'의 친일 행적에 대한 학계의 엇갈린 판정처럼 친일시비는 여전히 미제(未濟)로 남았다.

그렇다면 감독의 메시지는 무엇인가? 독립운동가가 남긴 결사투쟁의 고귀한 희생을 깨닫게 하는 처연하면서도 숭고한 체험만이 아닐 것이다. 문제는 바로 여기에 있다. 치욕스런 일제강점기에 살아남아야 하는 나의 선택은, 너의 선택은 과연 무엇이냐는 것이다. 어둡고 암울한 시대에 '나'라면 어떻게 처신했을까, 꼬리에 꼬리를 무는 질문에 일제 35년은 그리 짧은 세월이 아니다. 이 지점에서 감독은 친일과 항일 사이에서 위태롭게 줄타기한 이 정출이란 밀정을 통해 복잡한 인간심리의 역설을 그대로 보여줬다. 항일운동을 긴박하게 다루었다는 점에서 〈암살〉과 〈밀정〉 두 영화는 맥락을 같이하지만, 〈밀정〉은 조국에 대한 일말의 죄책감을 지닌 조선인으로서의 번뇌와 독립운동가 개개인의 복잡한 내면심리를 섬세하게 조명했다.

아쉽다면, 여전히 결론 나지 않은 친일파에 대한 역사 단죄가 남아있는 시점에서 속고 속이는 스파이게임보다는 무조건적인 희생과 순국의 길을 택한 수많은 무명 독립투사들의 뜨거운 애국심의 의미와 가치가 개인적 이해관계와 부딪치는 부분에 대한 좀 더 치열하고 촘촘한 대결이 부족하다는 점이다. 물론 영웅적 면모에 집중해 계몽적이고 교조적인 관점으로 흘러가지 않음만으로도 천만다행이란 느낌은 지울 수 없지만 말이다.

어찌되었든지, 필요악이자 필요선인 밀정이 없었던 시대는 없었고, 천지개벽해도 밀정이란 서스펜스와 리스크가 만땅인 비즈니스 모델은 없어지지 않을 것이다. 따라서 그네들을 잘 활용해야 할 것이다. 다만 문제는 누구를 위한 밀정이고 무엇을 위한 밀정이냐는 것이다.

박정희　현재 상명대학교 글로벌지역학부 독일어권지역학 전공 부교수이다. 중앙대 독어학과와 동 대학원 졸업 후에 독일 베를린 훔볼트대학교에서 『1960년대 동독의 여성문학』(Logos Verlag)으로 철학박사 학위를 받았다. 2003년 한신대 학술연구교수, 2006년 청주대 조교수를 거쳐 2012년부터 상명대에 재직 중이다. 독일문학(화), 젠더, 소수문화, 다문화, 동독문학에 관련된 연구를 수행하고 있다. 대표적인 논문으로 「사라진 제국, 남아있는 언어 – 동독의 여성문학에 대한 담론」, 「최근 독일어권 문학에서 '이주자문학'의 현황」, 「바나트 독일-루마니아 소수민족과 차우세스쿠 독재정권 – 헤르타 뮐러의 텍스트를 중심으로」, 「역사와 허구: 프리모 레비와 헤르타 뮐러의 수용소 텍스트에 나타난 두려움의 그림과 영혼의 풍경들」, 「극단의 세기 극단의 경험」, 「베를린에서 나서 아우슈비츠에서 지다」, 저서로는 『기호학으로 세상읽기』(공저, 2002), 『독일문학의 이해』(공저, 2003), 역서로는 『현대 문화학의 컨셉들』(공역, 2006), 『집단애국의 탄생: 히틀러』(공역, 2008) 등이 있다.

내 삶이 밀정이었다

김영상

두메산골 까까머리 머슴애들 사이에서 '딱지'는 권력의 상징이었다. 대촌(大村), 중촌(中村), 강촌(江村), 선바위 마을을 휘젓고 다니며 딱지를 긁어모은 아이는 그날 하루만큼은 임금이 부럽지 않았다. 마을 전체 딱지를 거둬들인 아이 앞에 다른 아이들은 비굴하게 딱지를 구걸했다. 딱지가 없으면 다음날 다른 아이들과 어울려 놀기 어려웠다. 한두 장 개평을 챙긴 아이는 그러면서 뒤에서 속 닥거렸다. "지가 딱지 잘 쳐 그런 줄 아나봐. 왕(王)딱지가 있으면 나도 다 땄을텐데…." 왕딱지가 없는 아이들은 그렇게 질투 아닌 질투를 보냈다.

그때는 종이가 정말 귀하던 시절이었다. 딱지를 접을 수 있는 것은 아버지가 피우던 담뱃갑 종이나 신문지가 전부였다. 운이 좋아 선거철이 되면 국회의원 얼굴이 대문짝만 하게 박힌 선거 포스터 종이가 나돌았다. 그런 것을 가지고 아이들은 딱지를 접어 왕딱지에 도전하곤 했다. 하지만 무슨 종이인지 모르겠지만, '왕가의 보물'처럼 두껍고도 탄력이 있는 종이로 만든 왕딱지 앞에선 모두들 추풍낙엽처럼 떨어져 나갔다. 그 왕딱지를 대촌 아이 중 하나가 가졌고, 그 아이는 장기 집권을 하고 있었다.

강촌에서 자란 우리(필자를 포함한 4명)는 어느 날 음모를 꾸몄다. 대촌 아이의 왕딱지 앞에서 벌벌 떨어야 하는 수모를 더 이상 감내하기 어려웠다. 새카맣게 그을린 촌놈들이었지만, 마을에 대한 자존심만은 하늘을 찌를

듯 높을 때였다.

"학교 털자."

"……"

"뭐라고?"

"학교에 있는 교과서 훔치자고. 왜 교과서 겉표지는 딱딱하잖아. 그걸 갖고 왕딱지를 만들면 천하무적일거야."

기억은 나지 않지만, 한 아이의 도둑질(?) 제안에 나머지 3명은 고개를 끄덕였다. 일리 있는 말이었다.

아마, 방학 때였을 게다. 국민학교(오늘날 초등학교) 2학년인 우리는 대담하게도 학교 교과서를 그렇게 훔칠 계획을 짰다. 당시 교과서는 후배에게 대물림하던 시절이었다. 한 학년 높은 아이가 쓴 교과서를 후배가 다시 1년 정도 쓰는 때였다. 방학 전 교과서를 학교에 반납했으니, 학교 교단 옆 선생님 탁자 어느 곳엔가 교과서는 그대로 있을 것이다. 이렇게들 생각했다.

어느 날 우리 4명은 국민학교 담을 넘었다. 평소 너무 무서운 소사(학교를 지키며 잔심부름을 하는 사람) 아저씨가 떠올랐지만, '딱지 최고수'에 대한 유혹에 홀딱 넘어간 우리 앞에선 걸림돌이 될 수 없었다. 두 사람은 망을 봤고, 두 사람은 어두컴컴한 교실로 들어갔고, 마침내 교과서를 찾아냈다. 그래도 일말의 양심은 있었다. 교과서를 통째로 훔치면 후배들이 공부할 수 없으니까 책 맨 앞과 맨 뒤 표지만 떼어냈다. 앞서 우리끼리는 "책 표지가 없어도 공부는 할 수 있잖아."라며 합의한 상태였다.

어린애는 어린애였다. 책 도둑질을 한다는 생각에 가슴은 계속 콩닥콩닥 뛰었고, 소사 아저씨가 어느새 나타나 "이놈" 하고 소리칠지 몰라 무섭기만 했다. 어떻게 집에 돌아왔는지 모르지만, 다음날 우리는 교과서 표지로 왕딱지를 만들어 전 마을에 원정 나가며 딱지를 거둬들였다. 대촌 아이의 왕딱지를 땄을 때, 우리는 환호했고, 그 아이의 일그러진 표정을 보고는 우쭐댔다.

그러나 우리의 '왕딱지 권력'은 삼일천하로 끝났다. 어느 날 학교에 갔을 때 호출령이 떨어졌다. 우리 넷은 교무실로 불려갔다. 앞서 '범인을 잡으려고 선생님들이 아이들을 일일이 대질심문했다더라', '어떤 아이가 다 불었다' 등의 소문이 귀로 들어왔던 터였다.

"들켰구나."

직감은 맞았다.

그 이후의 기억은 거의 없다. 선생님의 매서운 추궁과 질책이 있었을 것이다. 우리는 죽도록 맞았다. 그것만 기억이 난다. 교무실 밖에 일렬로 엎드린 우리는 소사 아저씨가 평소 패놓은 장작으로 엉덩이에 피멍 들 정도로 맞았다. 매타작이 끝나고도 한참 선생님의 설교를 들은 후 우리는 집으로 돌아올 수 있었다. 엉거주춤한 자세로 집으로 오는 돌길에서 우린 엉덩이를 내리고 서로 얼마나 빨간지 확인하며 깔깔대며 웃었다.

세월이 많이 흘렀고, 네 사람이 함께 만난 적은 없다. 풍문으로 하나하나의 소식을 접할 뿐이다. 그래도 국민학교 동창을 만날 때면 그 얘기가 회자되곤 한다. 그러면서 "그때 누가 찔렀어? 프락치가 누구야? 누가 밀정 노릇한 거야?"라며 추억을 곱씹곤 한다. 그러다가 술 한잔이 거나해지면 "너지? 솔직히 말해. 네가 일렀지?" 하면서 과거 숨은그림찾기에 몰두하기도 한다. 이 같은 '밀정 색출작업'은 모임이 끝날 때까지 이뤄진다.

물론 그냥 재미다. 사실 어린 시절 누가 선생님한테 고자질했다고 해서 지금 무엇이 문제가 될 것인가. 그냥 추억은 추억일 뿐이다. 게다가 우린 교과서 겉표지만 뗐으니, 딱지를 만들기 위한 애들의 소행이라는 것은 삼척동자라도 알아챘을 텐데, 귀신같은 선생님이 이를 놓칠 리가 없었을 것이다.

"선생님이 단박에 알았을 거야. 한두 사람 탐문하면 누구 짓인지 금방 나오지 않았겠어?"

"그래도 완전범죄를 했어야 했는데…."

우리는 그렇게 동창 모임 날마다 그때 일을 안주 삼으며 역시 깔깔거린다. 나이 오십이 넘어서도 그 일 앞에 선 여전히 어린아이다.

김지운 감독의 〈밀정(The Age of Shadows, 2016)〉은 그때의 어린 시절을 떠올리게 했다. 영화 내내 밀정이 누구인지, 그 밀정의 최후는 어땠는지 눈을 떼지 않고 보다 보니 친구들과의 모임에서 '밀정 게임'에 빠지곤 하는 현재의 내 모습이 오버랩됐기 때문이다.

〈밀정〉의 시대적 상황은 1920년대 일제강점기다.

〈밀정〉은 그 당시를 그린 여느 영화처럼 '광복'을 염원하며 목숨을 거는 독립군이 나오고, 반대편에 서 있는 일제 앞잡이가 등장한다. 두 가지 종류의 캐릭터는 다른 영화와 다르지 않다.

하지만 〈밀정〉은 뜨겁게 불타오르는 애국심에 굳이 초점을 두지 않았다. 일제의 횡포를 만천하에 드러내면서 '독립'의 당위성을 호소하지도 않았다. 그저 담백하게 일제를 살아가는 사람들의 가슴 아픈 얘기를 다뤘다. 일제강점기를 살아가는 한국인의 모습, 그 속에서 자신의 선택이 아닌 주변 환경을 숙명처럼 받아들여야 하는 한국인의 다양한 삶을 담았다. 이 영화가 '참으로 객관적'이라고 말할 수 있는 근거다.

그러니 '독립 아니면 죽음을 달라'는 처절한 애국심에 무게중심을 두지 않았고, '누가 이 사람에게 돌을 던지랴'며 일제 앞잡이의 삶을 억지로 용서하는 작위적 설정도 활용하지 않았다. 일제강점기를 살아가는 사람들, 그 속에서 어쩔 수 없는 삶을 강요당하고, 그런 삶을 살게 되고, 그러다 보면 남을 이용하고 속일 수밖에 없는 사람들의 이야기를 무채색으로 풀어낸 것이다. 그게 김지운 감독의 표방점이고, 그런 점에서 이 영화는 일제강점기를 다룬 다른 영화들과 차별화된다.

앞서 개봉한 최동훈 감독의 〈암살(2015)〉은 다른 포인트에 있다. 〈암살〉은 항일무장독립투쟁에 나선 이들의 용솟음치는 애국심과 배신자에 대한 처절한 복수를 담았다. 독립군과 변절자, 애국과 응징이 어우러지면서 숨 막히면서도 통쾌함을 선사하는 게 바로 〈암살〉이다.

어느 것이 옳다고 말할 순 없다. 영화의 지향점과 그것을 통해 얻을 수 있는 통찰은 어디까지나 관객의 몫이기 때문이다. 중요한 것은 김지운 감독이 영화 내내 보여주는 '제3자적 시각 철학'은 일관성을 갖추고 있다는 점이다. 감독은 스크린에서 멀리 떨어져 '관조'로 일관했다. 혹독한 일제강점기 역사와 함께한 이들에 대해 옹호 내지 비판이라는 '우리 시대의 시각'으로 구별하지 않았다. 감독에겐 광복을 위해 사투를 벌이는 의열단을 칭송의 대상으로 바라보지 않고, 동시에 일제의 독립군 소탕 작전에 밀정 노릇을 하는 염탐꾼을 매국노라고 정의하지 않는다. 척박한 시대를 살아가는 이들의 삶, 생존을 위해, 목숨을 지키기 위해 인간 이하의 몹쓸 짓도 마다하지 않는 이들의 삶을 그냥 담담한 눈길로 화면에 담을 뿐이다. 그래서 감독의 '관조의 인생관'이 〈밀정〉에 담겼다고 필자는 확신한다.

"이정출은 모호한 인물입니다. 색으로 치면 회색을 지닌 인물이라고 할까요. 그 점이 굉장히 매력적으로 와 닿았어요. 그 시대의 인물들은 대개 불타는 붉은색이나 시대에 절망한 좌절을 의미하는 검은색으로 주로 그려졌는데, 회색이라는 점이 강하게 와 닿았죠."

영화 개봉 후 한 인터뷰에서 주인공 이정출 역할을 한 송강호의 말은 그랬다. 빨강과 검정, 이분법적인 성격이 아닌 회색지대에 사는 이정출 역할에 매력을 느껴 출연을 결심했다는 뜻이다.

그래서 이 영화는 더 묘미가 있다. 현대인인 우리는 대부분 '회색인간'으로 살아간다. 주관도 없이 시대 주류에 편승하고, 조직의 눈치를 보며, 이 사람 저 사람 사이를 왔다 갔다 하며 외톨이가 되지 않기 위해 버티는 삶,

그게 대개의 우리 주변 인물상이다. 주변 환경을 무시하고 자신의 의지대로 삶을 선택하는 사람, 자기가 원하는 인생을 살아가는 사람이 몇이나 될까. 이런 인간의 본질은 100여 년 전의 일제강점기라고 해서 특별히 다르지 않았을 것이다.

그렇다. 바로 이 점이 이 영화의 출발점이다. 감독은 일제강점기 시대의 인생이나, 지금의 인생이나 '회색지대'를 벗어나기 어렵다는 점을 공통분모로 설정했다. 권력이나 부(富), 강압과 유혹 등의 주변 환경에서 자유로울 수 있는 인간은 거의 없다는 점을 감독은 영화의 기본 뼈대로 삼은 것이다.

이런 점에서 이정출의 인물 캐릭터는 중요한 의미를 지닌다. 이정출은 어떤 인물일까. 영화 시작에서 끝까지 이정출의 정체는 모호하다. 끝까지 일제 밀정이었는지, 자신의 죄를 뉘우치고 독립군 편으로 돌아선 애국자였는지 영화는 설명해주지 않는다. 이정출은 그저 주변 환경에 따라 자신의 행동을 선택하는 나약한 인간일 뿐이다. 결국 독립군을 도와 이정출이 폭탄을 터뜨림으로써 많은 일본인들을 죽이는 '애국 거사'에 성공하지만, 언제 다시 일제 앞잡이로 돌아설지 모를 일이라고 영화는 내심 팁을 던진다.

이정출이 어떻게 밀정이 됐는지에 대해 영화는 공개하지 않는다. 이정출과 김우진의 만남 장면에서 약간의 사연을 유추할 수 있을 뿐이다. 이정출이 밀정이 된 계기는 이 영화에서 매우 중요한 모티브이다. 이에 뒤따르는 갑론을박은 이 영화에서 군더더기일 뿐이다.

이정출과 김우진은 시종일관 서로를 염탐한다. 김우진은 조선인을 핍박하는 일제에 타격을 주기 위해 상하이에서 폭탄을 들여올 심산으로 이정출과 손을 잡을 필요를 느꼈고, 이정출은 무장 독립운동단체인 의열단의 뒤를 캐내라는 특명을 받고 공을 세우기 위해 김우진과 접촉한다. 극단의 반대편에 서 있다고 해도 겉으론 경계할 필요가 없다. 어떻게 해서든 친해지고, 일사천리로 호형호제까지 가자는 게 이들의 속셈이다.

둘의 첫 만남에서의 대화는 그래서 의미심장하다. 염탐꾼 특유의 심리전, 불꽃 튀는 탐색전이 펼쳐진다. 이정출은 운을 띄운다. 술 몇 잔을 연거푸 마시며 불쾌해진 순간이다.

"사내는 자기를 알아주는 사람을 위해 충성을 다하는 동물인지라, 지금 부장(히가시·일본 경찰조직의 넘버 2인 총독부 경무국 부장)이 특별히 불러주니까 이렇게 완장을 차게 되는 거지."

김우진의 맞장구는 호들갑스러울 정도다.

"이봐, 이럴 줄 알았어. 이 형은 독한 사람이 아닌 줄 내가 척보고 알았어. 형은 순사가 아니었으면 폐병쟁이 시인이 됐을 거야. 오늘부터 형이라 부를게요."

"그러든지. 그러든지 마시든지…"

술자리를 파한 뒤 술김에 몸을 가누지 못하는 척하며 서로 부축하며 헤어지는 두 사람. 각자 혼자인 것을 확인한 두 사람은 술 한 잔 먹지 않은 말끔한 모습, 냉철한 눈빛으로 금세 돌아온다. 너무도 인상적인 장면이다.

이정출의 말에선 시대적 흐름에 따른 그의 인생관이 드러난다. 그의 인생은 그가 선택하지 않았다. 그냥 어찌어찌하다 보니 조선인 출신의 일본경찰이 된 것이다. 말

그대로 경찰조직 2인자가 자기를 알아줬기 때문에 충성을 다할 뿐이고, 그가 완장을 주었기에 본분을 다할 뿐이다. 그러기에 그에겐 조국도, 대의도 없다. 먹고 살기 위해 그가 한 것은 '자기를 알아준 사람'을 위해 죽도록 충성하는 것이다. "독립이 될 것으로 보는가?"라며 영화 내내 광복을 부정적으로 얘기하는 것에서 그의 얕은 통찰력이 노출되지만, 그것은 그의 인생에서 문제될 것은 없다. 카멜레온같이 주변 환경에 따라 변색하면 되는 것이다. 기존의 관념대로라면 이정출은 손가락질을 받을 만하다. 일본의 앞잡이로 매도될 만하다.

다른 얘기지만, 2017년 7월 소설가 김진명은 KAL007 피격사건을 다룬 장편소설 『예언』을 출간했다. 출간 인터뷰에서 그는 "복수를 잊은 민족에게 미래는 없다."라고 했다. 맞는 말이다. 과거의 치부는 용서의 대상이 아닐 수 있다.

그런데도 감독은 '꺼삐딴 리' 이정출에게 악감정을 보이지 않는다. 그렇다고 불쌍하다고 연민도 갖지 않는다. "그냥 이정출같이 살아온 사람도 있다."라고 말하며,

모든 것은 관객의 판단에 일임하는 태도를 취한다. 김진 명 작가와 같은 시각으로 보면 감독은 어쩌면 비판받을 수도 있겠다 싶다.

필자는 이정출의 입에서 흘러나온 '완장'이라는 단 어가 이 영화의 핵심 키워드라고 본다. '완장'은 그 시대 의 권력이며, 달콤한 유혹이며, 쉽게 거부할 수 없는 마 력의 대상이다. 이정출이 아니라도, '완장'을 찬 누군가 는 이정출과 같은 악역을 할 수 있다는 것, 이것을 영화 는 기본 전제로 깔고 있다. 마치 객석을 향해 "완장에서 자유로울 수 있는 사람 있으면 나와 보세요."라며 선문답 을 던지는 듯하다. 완장은 어쩌면 인간이 불완전체임을 역설적으로 상징한다.

소설가 윤흥길은 『완장』을 통해 "완장은 한국인의 권력의식을 진단하는 도구"라고 했다. 소설가 이외수는 "때로 인간은 완장을 차면 눈이 멀기도 한다."라고 했다. '완장'은 인간에게 아무런 수치심 없이 행동을 하게끔 하 는 '악마의 유혹'이며, 이런 유혹을 자유의지로 거부할 수 있는 인간은 별로 없다는 것을 두 사람 역시 인정하고 있는 것이다.

그 유명한 '스탠퍼드 감옥 실험(The Stanford prison experiment)'은 완장을 찬 인간이 어떤 행동까지 할 수 있는가를 보여준 실험이다. 1971년 필립 짐바르도 심리학 교수는 스탠퍼드 대학생들을 대상으로 한 가지 실험을 했다. 24명을 모은 뒤 감옥을 만들고, 모두 그 안에 넣었다. 한 부류는 교도관, 한 부류는 죄수로 나뉘었다. 무작위로 교도관으로 뽑힌 이에게는 제복을 입혔고, 수갑과 곤봉, 호루라기 등을 지급했다. 죄수로 뽑힌 이에게는 수감 번호가 붙은 죄수복을 입혔다.

놀랄 만한 일이 벌어졌다. 교도관들은 자신이 학생 신분이라는 것을 잊고 진짜 교도관처럼 행세했다. 죄수들을 발가벗기고 몸수색을 했고, 폭행을 서슴지 않았다. 며칠이 지나, 더 이상 실험을 진행할 수 없을 정도가 됐다. 교도관들의 죄수에 대한 억압과 폭행이 비일비재하게 일어났기 때문이다. 이 실험은 권력(완장)을 쥔 상태에서의 '선한 인간'은 없다는 것을 입증한 것으로, 많은 이들에게 충격을 줬다. '완장'을 찬 인간은 금세 본성을 바꿀 수 있으며, 권력자로서 군림을 즐긴다는 학설로까지 번진 실험이기도 했다. 이정출은 그런 '완장'을 찬 인물 중 하나였던 것이다.

필자의 경험상 이것은 맞다. '스탠퍼드 감옥 실험'은 인간의 일상생활에서 버젓이 벌어질 수 있는 일이다. 필자는 고등학교 3년간 기숙사 생활을 했다. 그냥 몇 명이 기거하는 기숙사가 아니다. 고등학생 전체 1,800명이 기숙사에서 한데 어울려 단체생활을 하는 곳이었다. 말이 1,800명이지, 간단한 곳은 아니었다. 학비가 전혀 없기에 형편이 어려운 지방 수재가 대거 몰렸다. 대부분 모범생이었다.

단체생활은 엄한 규율이 필요한 법이다. 가치관이 완전히 정립되지 않는 질풍노도의 시기인 고등학생 1,800명을 한 울타리에 가두는 일은 쉽지 않은 일이었다. 학교는 당연히 군대 같았다. 학도호국단 체제로 운영됐다. 전교 회장은 연대장으로 불렸다. 연대장 밑으로 부연대장, 대대장, 중대장, 소대장, 분대장으로 나뉘었다. 1,800명의 집단생활을 통제하기 위해 새벽 6시에 운동장에서 아침 점호가 이뤄졌고, 밤 9시께 운동장에서 저녁 점호가 다시 이뤄졌다. 연대장을 비롯해 대대장, 중대장 등의 간부는 일종의 '권력'이었다. 이들은 마치 군대 상사처럼 행동했다. 점호를 받을 때 혹시라도 점검 상태가 불량하면 심하게 때렸다. 가슴이 손바닥으로 강하게 밀쳐졌을 때의 충격, 숱한 발길질, 수없이 반복되는 얼차려…. 일부 학생들은 공포에 떨었다. 학교에선 늘상 "밤새 누구누구가 굉장히 맞았다더라.", "맞는 걸 봤는데 나중에 엉금엉금 기어가더라."라는 소문이 끊이지 않았다.

언제였던가, 학교가 갑자기 시끄러워졌다. 대대장이 정학을 당한 것이다. 정학 이유는 폭행이었다. 확실한 기억은 아니지만, 어느 날 그 대대장은 후배들을 한꺼번에 불러들였고, 무슨 이유인지 평소 이상의 심한 폭력을 행사했다. 웬만한 간부의 폭력은 용인했던 학교도 상태의 심각성을 깨닫고, 정학 처분을 내렸다. 이 사건이 일어난 뒤 연대장이 점호를 총괄했다. 연대장의 구령에 따라 학생들은 일사불란하게 움직였고, 점호를 받는 순간 군대처럼 부동자세를 취하고 취침 전 내무반(방은 그렇게 불렸

다) 점검을 받았다.

지금 생각해보면 그 대대장 형도 피해자다. 학생들의 일탈을 막기 위해, 효과적으로 통제하기 위해 같은 학생에게 '완장'을 채워준 학교는 '스탠퍼드 감옥 실험'의 유사판이었다. 학교 간부는 스탠퍼드 감옥 실험에서의 교도관이었다.

영화 〈밀정〉을 본 관객이라면 누구나 필자와 같은 생각을 했을 것이다. 소설가 이문열의 「우리들의 일그러진 영웅」은 초등학교 교실 내 폭력과 헤게모니 싸움을 통해 궁극적으론 인간의 권력욕과 그 붕괴 과정을 그렸다. '완장'에 대한 욕심과 '완장'에 대한 순응은 인간의 본능이라는 게 소설의 결론이다. 〈밀정〉에서의 완장, 필자가 경험한 고등학교 때의 완장, 그리고 이문열 소설에서의 완장은 별반 다를 게 없다. 영화를 보는 내내 마음이 불편한 이가 있었다면, 그는 분명 완장에 대한 상처를 갖고 있는 사람일 것이다.

이런 생각이 든다. 김지운 감독은 이정출의 완장을 통해 이 같은 '대다수의 상처'를 영화 속 몰입 도구로 활용하려고 시나리오 때부터 기본 설정을 해놓지 않았을까. 만약 그렇다면 감독의 간단치 않은 내공을 확인한 셈이다.

다시 영화 얘기로 돌아가자. 〈밀정〉에서는 이정출 이외에도 수많은 '밀정'이 등장한다. 총싸움에서 죽어가는 이름 모를 이들도 밀정이다. 밀정과 밀정은 촘촘히 연결돼 있고, 영화 속엔 밀정 아닌 사람이 없다고 해도 무방하다. 김우진도 연계순, 하시모토도 진영만 다를 뿐 다 밀정이다.

밀정의 삶은 '정보', 그 자체다. 정보에 죽고 사는 인생들. 〈밀정〉의 또 다른 포인트는 여기에 있다. 거미줄같이 얽혀 있는 '염탐 인생들'의 얘기가 오늘날 '정보 전쟁'에 살고 있는 관객들에게 공감을 불러일으키는 것이다. 정보에 목말라 하고, 정보에서 배제되면 소외감을 느끼는 현대인의 속성을 감안한다면, 첩보영화 이상의 스릴감을 관객에게 줄 수 있는 매우 유효한 영화 소재라는 뜻이다.

필자는 기자다. 오랜 시간 취재 현장을 돌아다녔다.

어찌 보면 기자는 염탐 인생이다. 선배 중 하나는 이렇게 늘 외쳤다. "기자는 촉이 있어야 한다구. 네 촉은 뭐야. 정보를 물어오란 말이야. 염탐하란 말야. 기자는 정보 싸움이야. 알아?" 그 선배 닦달에 참으로 수많은 취재 현장을 돌아다니면서, 기업을 돌아다니면서 염탐 노릇을 했다.

재미있는 것은 정보취득(염탐)의 본질은 100여 년 전이나 지금이나 같지만, 양식은 몰라보게 바뀌었다는 점이다. 첨단기술의 진화가 그렇게 만들었다. 옛날 정보원은 사람이었지만, 지금은 드론, 인공지능(AI) 등이 상당 부분 그 자리를 꿰찼다. 소셜네트워크서비스(SNS) 정보 범람, 가짜 뉴스 범람 시대에서 정보를 습득하는 것 이상으로 필터링(거르는 것)이 중요한 시대가 됐다.

영화 〈밀정〉을 보면서 '정보'의 본질과 파급력, 그리고 첨단기술 시대에서의 진화상을 음미하는 것도 영화의 또 다른 즐거움일 것이다. 감독이 의도하지 않았더라도, 그 의미를 찾는 것은 어차피 관객의 몫이니까.

다시 영화 얘기로 가자. 다분히 개인적인 영화 감상을 덧붙이자면, 김지운 감독은 무거운 주제를 경쾌하게 하고, 민감한 주제를 둔감하게 만드는 재주를 지녔나 보다. 중반 이후 영화를 보면서 갸우뚱한 것은 음악 때문이었다. 죽음의 문턱을 넘나드는 총싸움 장면에서 경쾌한 팝 음악이 흘러나오고, 고문이 자행되는 순간에도 재즈가 울려 퍼지는 게 〈밀정〉의 특징이다. 통상 그런 장면에선 장엄한 음악을 배경으로 했다는 점에서 영화를 애국적인 관점에서만 본다면 얼굴 찌푸릴 일이다. 하지만 감독은 개의치 않는다. 관객의 반응, 즉 분노나 허탈, 안타까움 등을 강요할 생각은 애당초 없었으니까.

영화는 결말로 치닫는다. 김우진은 감옥에서 이정출의 거사(?)가 성사되기를 간절히 기원한다. 그러나 그도 사람이다. 연계순이 죽었다는 사실을 간수로부터 듣고 오열한다. 하지만 희망은 사라지지 않았다.

"일본 구락부에서 폭탄이 터져 여러 사람이 죽고 다쳤어요. 지옥이 따로 없었대요. 그런데 의열단이 상하이에서 들여온 폭탄을 반도 못 찾았대요. 그게 더 무서운 거지."

간수의 이 말에 김우진은 자신이 할 일을 다했음을

알아차린다. 차디찬 감옥 바닥에 쓰러진 김우진 전신 위로 카메라는 이동하며 벽에 새겨진 글귀를 집중적으로 부각시킨다. 수많은 의열단 단원들이 감옥에서 고문을 당한 후 손톱으로 새기고 또 새겼던 그 글귀. '단원들 이곳을 다녀가다.' 울컥하게 만든다. 어쩌면 감독은 숨바꼭질 인간사, 뒤죽박죽 인간사를 대표해 세상을 향해 이렇게 새기고 싶었는지 모른다. '인간들 이곳을 다녀가다'라고.

영화는 필자에게 묘한 울림을 준다. 감독의 인생관에 동화된 듯한 느낌이다. 감독은 "인생은 밀정이다."라고 외친다. 감독에겐 건방질 수 있지만, 필자 역시 이 말을 해도 무방하지 않을까 싶다.

"내 삶이 밀정이었다."

김영상 현재 『헤럴드경제』 소비자경제부장으로 재직 중이다. 청주대 신문방송학과, 고려대 언론대학원 석사과정 중이다. 저서로 『한국의 아웃라이어들』(2013), 『Global 부자학』(2013, 공저), 『반상 위의 전쟁』(2016)이 있다. 『헤럴드경제』 사회부장, 삼성·전경련 등 출입 재계팀장, 이명박, 박근혜 후보 마크맨 및 국회반장을 역임했으며 청와대 출입 기자, 2006년 독일월드컵 현장 취재 기자로 활동했다.

〈밀정〉
— 이정출과 망설임의 윤리학

김형래

피할 수 없는 질문

영화〈원스 어폰 어 타임〉(2008),〈모던 보이〉(2008),〈암살〉
(2015),〈동주〉(2015),〈덕혜 옹주〉(2016),〈귀향〉(2016),〈군
함도〉(2017)의 공통점이 있다. 그건 이 영화들이 일제강
점기를 다루는 시대극이라는 것. 2016년에 약 750만 명

의 관객을 동원한 〈밀정〉도 그중 하나다. 이렇게 비교적 최근에 일제강점기를 다룬 시대극이 많이 만들어지는 이유는 요즘의 시대적 상황과 무관하지 않을 것이다. 일본의 역사 왜곡이 계속되고 일본군 위안부 할머니들에 대한 사과와 배상이 제대로 이루어지지 않고 있는 현실을 반영한 결과라고 할 수 있다.

〈밀정〉은 의열단의 활동을 소재로 다룬다는 점에서 전년도에 만들어진 〈암살〉과 비교되기도 한다. 그러나 역사학자들에 의하면 〈암살〉이 훨씬 허구적인데 반해 〈밀정〉은 실제 사건에 근거를 두고 있다는 것. 그 사건이란 상하이에서 경성으로 폭발물을 몰래 들여와 조선총독부를 비롯한 주요 시설들을 폭파시키려는 의열단의 계획을 말한다. 물론 영화와는 달리 실제 역사에서 이 계획은 실패하고 만다. 영화에서 의열단 단장 정채산은 1919년 11월 19일 의열단을 창단한 실제 인물 김원봉을, 김우진은 김원봉의 사상적 동지였던 김시현, 그리고 밀정 이정출은 동시대의 인물 황옥(黃鈺) 경부(경감급 중간간부)를 그리고 있다.

그런데 이 영화가 주목한 것은 이전의 영화들과 달리 독립운동가들의 활동과 희생이 아니라—물론 이것도 다루지만—아직 역사적으로 제대로 평가되지 않은 이정출, 즉 황옥이라는 인물이다. 황옥 경부는 밀정인지 독립군인지 분명히 판명되지 않은 인물인데, 그를 주인공으로 내세우고 있다는 점이 이 영화의 특징이라고 할 수 있다. 물론 일제강점기를 다룬 영화에서 밀정이나 앞잡이는 항상 등장하는 인물이다. 하지만 대부분 그들을 주인공으로 내세우지는 않는다. 그러나 〈밀정〉에서는 그 밀정이 주인공이며, 더구나 송강호라는 굵직한 중견 배우가 그 역을 맡음으로써 관객인 우리는 영화를 보면서 이정출이란 모호한 인물에 쉽게 동화되고, 그와 함께 어떤 혼란을 경험하게 된다. 내가 저 시대에 살았다면, 나는 어떻게 살았을까? 일제강점기를 다룬 영화들에는 항상 밀정이 등장하기 때문에 우리는 그 영화들을 보면서 곧잘 스스로에게 이런 질문을 하게 되지만, 이 영화는 밀정이 주인공이니 더더욱 그와 같은 윤리적 질문을 피할 수 없다.

선과 악의 경계에서

영화의 첫 시퀀스는 독립운동가 김장옥이 조선총독부의 일본 경찰에 쫓기는 장면으로 시작된다. 지붕 위 추격신은 중국 영화에서 본 듯한 장면이긴 하지만 매우 인상적이어서 몰입도를 높인다. 여기서 일본 경찰과 함께 감장옥을 쫓는 사람은 밀정 이정출이다. 김장옥이 궁지에 몰려 포위되자 이정출이 홀로 김장옥을 만난다. 그는 김장옥의 친구였다. 회유를 시도하는 이정출에게 김장옥이 매국노라고 하자, 이정출은 조선이 독립할 수 있을 것 같냐, 조선은 어차피 기울어진 배다, 그러니 목숨은 건사해야 하지 않겠냐고 말한다. 그러나 김장옥은 기울어진 배에서 쥐새끼들이 먼저 빠져나간다, 쥐새끼들과 함께할 수 없다고 하며, 대한독립만세를 외치고 자기 머리에 총을 겨누어 자결을 선택한다. 두 사람의 극명한 대조가 두드러지는 장면이다. 김장옥의 삶을 살 것인가, 이정출의 삶을 살 것인가?

만일 나라를 배신한 이정출의 삶은 악이며 조국의

독립을 위해 자기 목숨을 던진 김장옥의 삶이 선이라는
데 동의한다면, 과연 나는 어떤 삶을 선택해야 할까? 당
연히 나는 선을 선택한다고 할 것이다. 그러나 위와 같은
역사적 상황에서도 그렇게 할 수 있을까? 무엇이 선인지
알면서도 그 길을 선택할 수 있을까? 그리고 이정출처럼
악의 길을 가는 사람들은 어떻게 그 길을 가게 되었을
까? 마음속에 무슨 일이 일어났던 것일까? 반대로 김장
옥은 어떻게 선의 길을 선택하게 되었을까? 그러나 우리
는 또 이렇게 물을 수도 있을 것이다. 그런데 과연 선악
의 경계는 분명한 것일까? 어떤 순간에 우리는 악행을
하게 되는 것일까? 이정출의 행동을 통해 이러한 의문들
에 대한 답을 찾을 수 있을지 모른다. 왜냐하면 이정출은
선악의 경계를 오가는 인물이기 때문이다.

밀정으로 살았던 이정출에게 악에서 선으로 마음의
변화가 일어나는 결정적인 계기가 발생한다. 그것은 먼
저 자신의 상관인 히가시의 변화된 태도 때문이다. 히가
시가 이정출의 경쟁 상대로 하시모토라는 조선인 경찰을
채용한 것이다. 겉으로는 이정출을 돕기 위한 것이지만

실제로는 이정출을 믿지 못한 히가시가 이정출을 견제하기 위한 조치인 것. 이정출은 자신의 입지가 좁아짐을 직감하고 히가시에 대한 경계심을 갖게 된다. 그러던 중 김우진과 정채산을 만나면서 마음의 변화가 일어나기 시작한다.

때마침 의열단의 폭탄 테러 계획 정보가 입수되어 이정출은 이들을 소탕하기 위해 의열단의 몸통 중 하나인 김우진에게 접근한다. 이를 간파한 김우진은 의열단단장 정채산과 함께 이정출을 자기편으로 만들기 위해 작전을 세운다. 결국 이정출은 의열단의 비밀 장소에서 뜻하지 않게 자신이 쫓던 의열단 단장 정채산을 만나게 된다. 정채산은 호탕하게 이정출에게 술을 권하고 거하게 낮술을 한 후 바닷가에서 자신의 속내를 얘기한다. 자신이 상하이에서 경성으로 폭탄을 들여오려고 하는데 도와달라는 것이다. 이에 이정출은 어떻게 나를 믿고 그런 소리를 하느냐고 반문한다. 그러자 정채산은 "나는 사람의 말을 믿지 않습니다. 나는 내가 한 말조차 믿기 어렵습니다. 다만 내가 해야 할 일을, 사람이 마땅히 해야 할 일을 믿습니다."라며 칸트의 정언명령과 같은 말을 한다. 그리고 이어서 "모든 사람들은 자신의 이름을 어디에 올려야 할지 결정해야 할 때가 옵니다. 이 동지는 어느 역사 위에 이름을 올리겠습니까?"라며 이정출의 결정을 종용한다. 이정출의 마음의 동요를 일으킨, 결정적인 계기가 된 또 다른 장면이다.

블랙박스

그러나 우리는 이정출의 말대로 다음에 만날 때 그가 어떻게 변해 있을지 아직은 모른다. 다만 그의 마음에 변화가 조금씩 일어나고 있다는 것만은 짐작할 수 있다. 그리고 그 다음에 보여주는 이정출의 행동은 그가 변하기 시작했음을 알려준다. 사르트르가 우리의 존재는 우리의 행동에 의해 결정된다고 주장하듯이, 이정출은 말이 아니라 행동으로 그의 변화를 보여준다. 의열단이 폭발물을 안동에서 경성까지 기차를 이용해 운송할 것이라는 계획이 하시모토에게 노출되자 이정출은 그 사실을 김우진에게 알리고 그를 돕기로 한다. 이제 이정출은 이전의 그가 아니다. 일제의 앞잡이 노릇을 하며 독립군을 핍박했던 그가 아닌 것이다.

그러나 이정출은 아직 어느 쪽에도 완전히 귀속되지 못한 존재다. 독립군도 일본 경찰도 아니다. 그는 어떻게 해야 할지 여전히 혼란을 겪고 있다. 그런 혼란은 김우진의 동지였던 연계순이 기차역에서 일경에 붙잡혀 왔을 때도 여실히 드러난다. 히가시는 이정출에게 불에 달군 인두로 연계순을 고문하라고 명령한다. 이정출은 자신의 혼란스러운 정체성 때문에 혹은 그것을 숨기기 위해 어쩔 수 없이 연계순을 고문한다. 하지만 여기서도 그의 행동은 이전과 다르다. 그의 망설임은 그의 심경의 변화를 보여준다. 망설임은 그의 행동의 변화를 나타낸다. 망설임은 어쩌면 변화의 시작일지 모른다. 이정출은 망설이는 존재다. 그렇기 때문에 어느 쪽으로도 변할 수 있는 존재다. 돌이켜보면 처음 김장옥과 만났을 때도 그는 김장옥의 목숨을 구하기 위해 망설였다. 정채산을 만났을 때도 바닷가에서 정채산이 이정출에게 자신을 지금 저 바다에 처넣으라며, 이보다 더 좋은 기회는 없다고 마음을 떠볼 때도 그는 망설인다.

망설이는 동안 이정출은 어떤 생각을 했을까? 무엇이 망설임을 통해 이정출의 행동을 바꾸어 놓았을까? 망설임은 블랙박스와 같다. 그 안에서 무슨 일이 벌어지는지 알 수 없다. 하지만 이정출은 블랙박스와 같은 망설임 속에서 두 가지 길을 놓고 고민하고 있었을 것이다. 하나는 자기의 안위와 목숨을 부지하기 위해 불의를 행하는 길이고 다른 하나는 자기의 목숨을 내놓고 정의를 구현하는 길일 것이다. 하나는 악의 길이고 하나는 선의 길이다. 머뭇거림과 망설임은 이 두 길 사이에 있는 것이다. 선과 악 사이에 있으며, 선악의 경계에 있는 것이 망설임이다. 하지만 우리는 여전히 그가 어떻게 선의 길을 선택했는지 분명히 알 수는 없다. 다만 망설임이 그 첫걸음이었다는 것은 분명하다. 왜냐하면 그 안에 어떤 스위치가 작동하여 방향을 바꾸었기 때문이다.

〈양철북〉(1979)의 감독 슐렌도르프(Volker Schlöndorff)가 첫 장편 데뷔작으로 만든 〈청년 퇴를레스(der junge Törless)〉(1966)라는 영화가 있다. 이 영화의 주인공 퇴를레스 역시 이와 같은 고민을 하는 인물이다. 그는 과연 선악의 경계는 있는가, 어떻게 사람이 갑자기 악행을 행하게 되는가와 같은 질문을 던지고 그에 대한 답을 찾고자 한다. 군사기숙학교에 다니던 그는 바지니라는 친구의 절도 사건을 목격하고 어떻게 평범한 학생이었던 그가 그런 절도 행위를 하게 되었는지 그 마음의 변화를 알고 싶어 한다. 이를 위해 그는 다른 친구들과 함께 바지니를 폭행하고 괴롭히는 악행을 하면서까지 그 마음을 알고 싶어 한다. 그러나 퇴를레스는 끝끝내 그 마음을 알아내지 못하고 스스로 악행에 빠지고 마는 역설적 상황에 처한다. 그리고 그는 결론을 내린다. 선과 악의 경계는 없다고, 악행은 어느 순간 간단하게 일어나는 것이라고, 따라서 늘 경계를 해야 한다고.

그러나 과연 선과 악의 경계는 없는 것일까? 악행은 어느 순간 간단히 발생하는 것일까? 마치 나치를 피해 미국으로 망명한 유대인 사상가 한나 아렌트(Hannah Arendt)가 『예루살렘의 아이히만』에서 아이히만(Adolf Eich-mann)의 나치 전범이 그렇게 일어났다고 주장하는 것처럼? 아렌트는 유대인 학살 책임자인 아이히만이 악마 같은 인간이 아니며 그저 상관의 명령에 따라 자기의 일을 충실히 행한, '사유의 능력이 없는' 평범한 사람이었다고 말한다. 그러나 이에 대한 반론도 만만치 않음을 우리는 알고 있다. 아이히만은 원래부터 반유대주의자이며 자신의 의지대로 유대인 학살에 동참했다는 것이다. 아렌트의 주장처럼 눈과 귀를 막고 사유의 능력을 마비시키는 전체주의 체제가 아니라면 이처럼 자신의 의도와 상관없이 벌어지는 악행이 얼마나 될까. 결국 우리는 선과 악의 경계에 있는 망설임이라는 블랙박스 안에서 어떤 선택을 하느냐에 따라 선의 길을 가거나 아니면 악의 길을 가게 되는 것이 아닐까.

망설임의 윤리학

니체가 '신의 죽음'을 선언한 이후, 우리는 소위 포스트모더니즘이라고 하는 다원적 가치를 지향하는 세계에 살고 있다. 포스트모더니즘은 분명 해방적 가치를 전파한 사회적·문화적 운동이었다. 포스트모더니즘의 가치들은 그 이전의 유일신주의, 이성 중심주의, 주체 중심주의, 서구 중심주의, 남성 중심주의, 인간 중심주의의 폭력성과 배타성의 베일을 하나씩 벗기면서 그동안 억압되었던 목소리들을 해방시켜주었다. 나는 이러한 포스트모더니즘의 기류를 누구보다 환영하고 좋아한다. 그러나 다양한 가치를 동등하게 인정하며 살고 싶지만 살다 보면 언젠가 둘 중 하나를 선택해야 할 때가 있다. 모든 사안이 이분법적으로 쉽게 나뉘지 않지만 우리는 둘 중 하나를 선택해야 할 때가 온다. 예컨대 진보/보수, 좌/우의 이분법이 그렇다. 우리는 모두 어느 한쪽이 아니라 양쪽의 가치를 조금씩 나눠 가지고 있다. 어느 누구도 한쪽의 가치만 실현하고 있지 않다. 그러나 어느 순간 우리는 하나의 가치를 선택해야 할 때가 있다.

비근한 예로 지난 대선에서 그런 선택을 해야 했다. 물론 중간의 길을 택하여 제3당의 후보를 지지하거나 기권을 할 수 있지만 전체적으로 진보당이냐 보수당이냐를 놓고 선택을 해야 하는 상황을 맞는다. 그러나 그나마 유권자에게는 쉬운 결정이다. 투표를 하지 않는다고 해서 누가 뭐라고 할 사람이 없고 이로 인해 당장 큰 피해를 입지 않기 때문이다. 하지만 대선 토론에 나온 후보자들은 다르다. 많은 경우 둘 중 하나를 선택해서 국민들 앞에 자신의 입장을 공표해야 한다. 공표는 매우 중요하다. 이를 통해 얼마나 많은 표를 얻느냐 혹은 잃느냐가 결정되고, 더 나아가 대통령이 되느냐 탈락하느냐가 결정되기 때문이다. 그러나 이것도 쉬운 일일지 모른다. 적당히 중도를 표방하거나 둘러대면 되니까. 그러나 자기 목숨이 달린 경우라면 또 다르지 않을까? 영화에서처럼 말이다. 이런 경우에는 포스트모더니즘의 다원주의적 사상은 아무 역할을 하지 못한다. 그럴 때 우리는 양자택일을 해야 한다. 당신은 어떻게 할 것인가?

적어도 망설임은 변화의 시작이다. 망설임이 없다는 것은 이미 선택과 결정이 이루어졌음을 의미한다. 그러고 나서 그것이 악의 길이든 선의 길이든 자신들의 행동에 대해서는 자신이 책임을 져야 한다. 영화에서는 이미 자기의 길을 결정한 두 부류가 등장한다. 히가시와 하시모토와 같이 악을 선택한 인물들과 김우진과 정채산과 같이 선을 선택한 인물들이 그들이다. 그들의 행동에는 거침이 없다. 머뭇거림과 망설임이 없다. 반면 이정출은 오랫동안 망설인다. 그러나 마지막에 그는 더 이상 망설이지 않고 단호하게 행동한다. 조선총독부의 일본구락부를 히가시와 함께 폭발시킨 것이다.

우리는 선택을 할 수밖에 없는 순간을 맞는다. 그때 우리는 잠시 망설인 후 어떤 선택을 해야 한다. 그리고 설사 그것이 강요에 의한 것이라도 선택은 선택이다. 후회해도 소용없다.

김형래 현재 한국외대 독일어과 교수로 재직 중이다. 2008년 독일 보훔대학 영화학 박사학위를 취득했다. 역서로 『영화와 텔레비전 분석 교과서』(공역. 2015), 『파스빈더와 들뢰즈』(2016) 등이 있으며, 영화 〈디-워〉, 〈아바타〉에 대한 논문과 미하엘 하네케, 빔 벤더스, R.W. 파스빈더에 관한 논문 및 들뢰즈의 영화 이론에 관한 다수의 논문이 있다. 그리고 최근의 저서로 『내부자들』(공저. 2016)과 『세미오시스의 매체성과 물질성』(공저. 2017)이 있다.

3부
영화로 영화를 말하다

〈밀정〉은 영화적으로 아름답다. 조명과 미장센으로 드러내는
시대적 분위기와 인물들의 심리, 음악으로 만들어내는 세기말적인 비애와
아나키스트의 감상성, 그리고 최고의 배우들이 보여주는 각각의 캐릭터는
누아르 풍의 스파이 영화라는 틀을 넘어
인간 존재의 이중성에 대한 근원적인 질문까지 반추하게 한다.

스타일리시하고 아름다운 영화 〈밀정〉

조수진

김지운 감독의 2016년도 작 〈밀정〉은 영화가 끝난 후에
도 오랫동안 가슴 속에 미묘하고 다양한 감정들이 송글
송글 맺히게 만든다.

이 영화는 일제강점기에 결성되었던 아나키스트 조
직인 의열단과 친일파 황옥을 모티브로 삼아 만든 영화
라고 한다. 하지만 이 영화는 역사영화가 아니다. 다만

역사적 사건과 인물들을 모티브로 삼아 그 시대를 살아야만 했던 인간군상에 대해 이야기하고 있을 뿐이다.

제목에서 이미 말해주고 있듯이 영화 〈밀정〉은 목숨 하나 부지하기 위해 회색지대를 선택했던 이들의 너절한 절실함이 주요 모티브이다. 그러므로 밀정이라는 존재방식의 이중적 성격은 영화 내내 다양한 장치들의 활용을 통해 지속적으로 부각된다. 그러나 이 영화는 우리에게 선과 악 혹은 옳고 그름을 판단하기를 강요하지도 않는다. 밀정들에게 면죄부를 주는 것도 아니며, 의열단원들을 찬양하지도 않는다. 다만 배우들의 탁월한 연기와 빛과 음악으로 만들어내는 영화적 시공간 안에서, 시시각각 급변했을 인물들의 내면을 함께 살아보라고 권유한다.

그래서 영화 〈밀정〉은 영화적으로 아름답다. 조명과 미장센으로 드러내는 시대적 분위기와 인물들의 심리, 음악으로 만들어내는 세기말적인 비애와 아나키스트의 감상성, 그리고 최고의 배우들이 보여주는 각각의 캐릭터는 누아르 풍의 스파이 영화라는 틀을 넘어 인간 존재의 이중성에 대한 근원적인 질문까지 반추하게 한다.

음악과 함께 흐르는 정서

이 영화에서 김지운 감독은 배경음악을 상대적으로 많이 사용하지 않는다. 짤막짤막하게 음악을 사용하긴 하지만 음악보다는 영화내적 공간 안에 존재하는 소리들을 활용하거나, 혹은 사운드를 제거함으로써 더 강력한 느낌을 만들어낸다. 과도한 배경음악의 사용 대신 인물들의 숨소리, 그들의 움직임, 사물들이 만들어내는 소리들로만 채워진 영화적 시공간은 일반 장르 영화에서는 맛볼 수 없는 생생한 긴장감을 생산해낸다.

　의열단의 리더 격인 김우진과 일본 경무국 경부로 의열단을 쫓는 이정출이 사진관에서 처음 만나는 장면에서, 의열단 단장인 정채산과 김우진 그리고 이정출이 함께 술을 마시는 장면에서, 일본군들이 진을 치고 있는 경성역에서, 오두막에서 이정출과 김우진이 밀정의 밀고로 만나게 되었음을 알게 되었을 때 등 적막감마저 감도는 고요함이 만들어내는 가슴 쫄깃한 긴장감과 긴박감은 어떠한 효과로도 만들어낼 수 없는 감정선들이다. 왜냐하면 그 순간 관객들도 인물들과 함께 숨죽이고, 침을 삼키며 사태의 추이를 지켜보게 되기 때문이다.

하지만 이 영화에서 빼놓을 수 없는 인상적인 장면들이자 영화의 아름다움을 더해주는 장면들은 아마도 가장 드라마틱한 액션이 담겨있는 시퀀스에 재즈와 춤곡을 배경음악으로 사용한 곳일 것이다.

영화의 후반부에서 김지운 감독은 아껴두었던 배경음악을 세 번이나 길게 사용하고 있다. 루이 암스트롱(Louis Armstrong)의 〈네가 미소 지을 때(When you are smiling)〉, 모리스 라벨(Maurice Ravel)의 〈볼레로(Bolero)〉, 그리고 안토닌 드보르작(Antonin Dvořák)의 〈슬라브 무곡(Slavonic Dances)〉 op.72 No.2가 그것이다.

루이 암스트롱의 〈네가 미소 지을 때〉는 경성에서 의열단원들이 소탕되는 시퀀스에서 약 3분간 연주된다. 굵직한 루이 암스트롱의 목소리와 트럼펫 소리가 블루스

리듬으로 흐느적대듯 흘러가는 이 곡은, 마지막 부분에서 화려하게 반복되는 트럼펫의 애드리브로 또 한 번 우리의 귀를 사로잡는다. 잡혀가는 의열단원들의 처절함 위로 들리는 이 재즈의 리듬과 '네가 미소 지으면 세상도 미소 짓고, 네가 한숨을 쉬면 하늘에서는 비가 내리니 언제나 웃으라'는 가사는 묘한 이질감을 느끼게 하면서 동시에 비극적인 시대적 분위기를 생산해낸다.

그리고 사이사이 보이는 이정출의 모습 속에서 밀정이 된 자의 고뇌와 숨겨진 양심의 아우성을 본다. 또한 고문받는 의열단원을 노려보려고 애쓰고 있는 이정출의 표정과 바에 혼자 앉아 술잔을 기울이는 그의 모습 등을 통해 어쩌면 이정출이 밀정 짓을 그만둘지도 모른다는, 그래서 마지막으로 미소 짓는 이들이 의열단이 되도록 도와줄지도 모른다는 가녀린 영화적 희망을 품게 만든다.

라벨의 〈볼레로〉는 이정출이 히가시를 비롯한 일본군 및 친일파 인물들이 개최한 검도인의 밤 행사장에 폭탄을 설치하는 시퀀스에서 약 5분간 연주된다. 전차의 엔

진소리와 이정출의 구둣발 소리에 작은북 소리가 얹어지
듯 겹치면서 시작되는 볼레로는 폭탄이 터질 때 함께 폭
발하듯 무너진다.

라벨은 〈볼레로〉에 대해 '음악이 아닌 관현악적 조
직을 활용한 실험'이었다고 말한 바 있다. 〈볼레로〉는 작
은 북의 반복적인 리듬과 함께 단순한 선율이 지속적으
로 돌고 도는 방식으로 구성되어 있는데, 반복이 시작될
때마다 새로운 악기들이 더해지며 겹겹이 쌓여가다가 결
국 자신의 무게에 못 이겨 선율이 무너지는 형태를 이루
고 있다.[6]

이 시퀀스의 구성은 볼레로의 음악적 구성과 닮아있
다. 친일파와 일본군들이 자축하며 즐기고 있는 가운데,
이정출은 건물 곳곳에 폭탄을 설치한다. 그리고 다른 방
에서는 김우진을 밀고한 주동성이 거울 앞에서 옷매무새

6　매튜 라이·스티븐 이설리스 지음, 이경아·이문희 옮김, 『죽기 전에 꼭 들어야 할 클래
식 1001』, 「볼레로」, 마로니에북스, 2009, 710쪽 이하 참조.

를 만지며 만족스런 표정을 짓다가 의열단원에게 살해당한다. 같은 시간 거리에는 동지의 복수를 확인하는 정채산이 있다.

지겹도록 돌고 도는 볼레로의 긴 선율처럼 집요하게 반복되던 히가시와 밀정들의 비열함은 동시다발적으로 이루어지는 의열단원들의 투쟁 아래에서 산산이 부서져 내린다. 그리고 폭발음과 함께 일본군으로 가득 찼던 집이 날아가고 볼레로의 선율도 함께 무너지는 순간 관객들은 웅어리졌던 가슴을 쓸어내리며 카타르시스를 느끼게 된다.

또 다른 한편으로 〈볼레로〉의 구성과 음악적 분위기는 당시 의열단원들의 운명을 대변하기도 한다. 끈질기게 반복되는 주제 선율과 그 위에 겹겹이 쌓여가는 악기들의 소리가 만들어내는 비장미는 비록 어떠한 미래도 장담할 수 없지만, 조국의 독립을 바라며 끝까지 폭탄을 안고 적진으로 뛰어들었던 의열단원들의 삶 그 자체의 음악적 표현이다.

마지막으로 엔딩 시퀀스에서 흐르는 음악이 드보르

작의 〈슬라브 무곡〉 op.72 No.2이다. 이정출이 학생복을 입은 의열단원에게 폭탄과 정채산이 자신에게 준 시계를 전달한 후 그와 헤어지며 첫 발을 내딛을 때부터 엔딩 크레딧의 중반부 정도까지 약 2분 30초간 이 곡이 연주된다. 침엽수가 양쪽으로 촘촘히 들어서 있는 길 위에 덩그마니 서 있던 이정출과 의열단원이 낭만적이면서도 슬픔이 서려 있는 음악과 함께 서로 등을 지고 걸어가는 장면은 너무나 인상적이다. 마지막이 될지도 모르는 만남의 끝에 의열단원은 단장님에게 전할 말이 없냐고 묻고, 이정출은 꼭 다시 보자고 말을 던진다. 그리고 조선총독부로 자전거를 타고 들어가는 의열단원의 펄럭이는 학생복과 그의 뒷모습 위로 〈슬라브 무곡〉이 흐른다. 그 고독하고 비장한 신의 끝에는 좁은 교도소 바닥에 눈을 감고 웅크린 채 누워 있는 김우진의 얼굴 위에 슬그머니 번지는 작은 미소와 벽에 새겨진 '단원들 이곳을 다녀가다'라는 문장이 있다. 카메라는 음악과 함께 기품 있고 도도하게 천천히 움직이며 관객들의 가슴 속에 이 마지막 장면을 각인시킨다.

드보르작의 〈슬라브 무곡〉은 낭만적이다. 슬라브 민족의 민족적 정서를 4분의 3박자의 춤곡 속에 녹여내고 있는 이 곡은 왈츠의 우아함과 슬라브 민족의 비극적 정서가 어우러져 듣는 이의 가슴을 적신다. 새벽녘 피어오르는 물안개와 같이 촉촉하게 스며드는 이 음악은, 이정출과 김우진 그리고 의열단원의 모습과 함께, 나라의 독립을 되찾아야겠다는 그 절실함으로 내일을 위해 오늘을 장렬하게 살다갔던 이들의 존재양식과 그들의 비극적이고 낭만적인 삶을 온몸으로 느끼게 해준다.

조명이 만들어내는 심리적 공간

영화 〈밀정〉에서 빼놓을 수 없는 것이 바로 조명과 프레이밍이다. 조규영 조명감독은 "인물의 얼굴에 콘트라스트를 강하게 주기 위해 톱 라이팅[7]을 많이 줬다. 옆에서 키 라이팅[8]을 할 땐, 딱 얼굴의 반만 잡아서 라이팅을 했다. 아이라이트도 신경 쓴 부분이다. 얼굴엔 그림자를 드리워도 눈에는 빛이 있어야 했다."[9]고 말한다.

조명을 통한 빛과 어둠의 극단적인 대치는 이정출의 얼굴 위에서, 그가 서 있는 공간 안에서 마치 그의 정체성을 드러내듯이 언제나 함께 공존한다. 이정출이 가진 양심과 이기심의 경계는 언제나 딱 절반이다. 그래서 그는 고뇌한다.

그와 마찬가지로 김우진을 비롯한 의열단원들은 삶

---

7 톱 라이팅(Toplighting)은 명암대비가 돋보이도록 하기 위해 사용하는 수직조명으로 일반적으로 다른 방향으로부터 오는 빛과 더불어 사용된다. 관자놀이나 뺨에 고광(high light)을 주기 위해 측면에 위치시키는 키커(kicker)와 눈의 광채를 돋보이도록 하기 위해 사용하는 아이 라이트(eye light) 등은 톱 라이팅의 지향성을 보다 강조한 조명들이다.(데이비드 보드웰/크리스틴 톰슨, 『영화예술』, 이론과 실천, 1997, 198쪽 참조.)
8 키 라이팅(Keylighting)은 특정한 대상에 맞추어지는 강한 조명으로 주로 피사체의 앞면과 옆면에 놓이며, 피사체는 키 조명과 카메라 사이를 바라보게 된다.(수잔 헤이워드, 『영화사전』, 한나래, 2012, 537쪽 참조.)
9 이예지, 「[영화人] 영화 구석구석 숨결 불어넣는 빛과 그림자 – 〈밀정〉 조규영 조명감독」, 『씨네21』, 2016.06.22. 〈http://www.cine21.com/news/view/?mag_id=85215〉

과 죽음의 경계에 서 있다. 어쩌면 그들이 서 있는 곳도 이정출이 서 있는 곳과 다르지 않을지도 모른다. 무엇을 선택하느냐에 따라 삶과 죽음이 결정되었기에 그들도 언제나 양심과 이기심 사이에서 고뇌했을 것이다.

섬세하게 세팅된 조명은 이러한 경계에 선 인물들의 심리와 감정의 변화를 더욱 강렬하게 드러낸다. "이정출의 얼굴을 자세히 보면 감정에 따라 조명의 위치가 제각각이다. 수심이 깊어 보일 때와 그렇지 않을 때가 확연히 구분될 수 있도록 조명을 세팅했다."[10]라는 김지용 촬영감독의 말처럼 이 영화에서 조명은 인물의 내면을 가시화하는 데 가장 큰 기여를 한다.

인물의 내면을 보다 도드라지게 드러내는 데에는 조명과 함께 클로즈업 또는 바스트 쇼트와 같이 화면을 꽉 차게 잡아내는 쇼트도 일조한다. "이 영화에서는 눈동자

10 장영엽/김성훈, 「[스페셜] 〈밀정〉은 어떻게 찍었나 - 최정화 프로듀서, 김지용 촬영감독, 조화성 미술감독이 말하다」, 『씨네21』, 2016.09.05. 〈http://www.cine21.com/news/view/?mag_id=85101〉

의 흔들림, 살며시 새어나오는 호흡이 중요하고 그것을 놓치면 안 된다고 생각했다. 그게 바로 이 사람의 내면이고 이야기라는 생각이 있어서다. 넷 중 한 명이 밀정이다. 그렇다면 어떻게 행동해야 할까? 누군가의 시선을 피하면서 은밀하게 내통하거나 간파를 해야 한다. 그래서 겉으로 보이는 말들은 헛헛하게 흘러가고 그 말이 끝난 뒤에 옆 사람을 응시하는 시선이 훨씬 더 중요하다."[11]

자리를 뜨는 김우진의 뒷모습을 날카롭게 바라보는 이정출의 눈매가 어둠 속에서 드러날 때, 어둠이 가득한 바닷가에서 정채산과 이정출의 얼굴이 빛 속에서 반쯤만 드러날 때, 연계순의 시체를 덮은 가마니를 들춰보다 오열하는 이정출의 얼굴에서 우리는 수많은 대사보다도 더 큰 이야기를 발견하게 된다.

또한 조명은 누아르 풍의 스파이 영화라는 장르적

11 장영엽, 「[스페셜] '무엇이 필요한가'를 먼저 생각하는 효율적인 쪽으로 변했다고들 하더라 - 〈밀정〉 김지운 감독 인터뷰」, 『씨네21』, 2016.09.05. 〈http://www.cine21.com/news/view/?mag_id=85100〉

특성도 물씬 드러낸다. 어두운 공간 안으로 떨어지는 조명 아래 번지는 담배연기, 안개 가득한 어두운 거리에서 실루엣만 드러내며 걸어가는 인물들, 어둠 속에 반쯤 드러나는 얼굴과 아이라이트로 강조한 번뜩이는 눈빛 등은 스타일리시한 누아르 영화의 분위기를 완성한다.

배우의 힘 – 송강호의 힘

이 영화의 힘은 배우들이 만들어내는 캐릭터에 있다. 송강호의 이정출, 공유의 김우진, 엄태구의 하시모토 등 배우들이 재현하는 각각의 인물은 살아 숨 쉬며 관객을 영화 속 시공간으로 이끌어 간다.

특히 이 영화에서의 압권은 송강호가 보여주는 밀정 이정출의 내면이다. 꽉 찬 클로즈업으로 잡힌 그의 얼굴은 정면이든 측면이든 뒷모습이든, 주름 하나 머리카락 하나까지도 이정출이 느끼는 순간순간의 욕망, 두려움, 비애, 고통 등을 담아낸다. 여기서 송강호는 그냥 이정출이다. 히가시 앞에서 보이는 비굴한 듯, 억울한 듯한 표정, 하시모토를 대할 때의 뱀 같은 눈빛, 김우진과의 관계로 끊임없이 선택의 기로에 설 때의 당혹감 등은 무심한 듯 그러나 날카롭게 살피는 눈빛과, 호흡을 뱉어내듯 말하는 그의 어투 속에서 강렬하게 드러난다. 여기에 클로즈업 쇼트와 톱 라이팅은 그의 연기를 더욱 돋보이게 해 준다. 특히 김우진과의 첫 만남과 재판 장면은 송강호 연기의 절정을 보여준다.

김우진과의 첫 만남에서 이정출과 김우진의 기싸움은 압권이다. 김우진이 의열단의 핵심임을 이미 알고 있는 상태에서 자신이 경무국 경부임을 말할 때, 고해하듯 툭 내던지는 송강호의 말투는 이정출의 의도가 무엇인지 도통 알 수 없도록 만들어 관객들을 당황시킨다. 김지운 감독 또한 인터뷰에서 "내가 송강호 씨에게 가장 놀랐던 순간 중 하나가 바로 그 장면이다. 무슨 일을 하냐고 김우진이 묻자 이정출이 그를 스윽 쳐다보며 '경무국 경부 이정출이요'라고 하는데 자기 패를 꺼내 보이는 장면이라 더 긴장된 톤으로 말할 거라고 예상했다. 그 순간 강호 씨가 호흡을 툭, 내려놓고 대사를 치더라. 어떻게 저런 호흡으로 대사를 칠 수 있을까 싶어 정말 감탄했던 장면이다."[12]라고 이 장면에 대해 말한 바 있다. 송강호가 호흡을 내려놓으니, 공유도 느물느물한 표정과 말투로 김우진의 복잡한 심경을 자연스럽게 감추며 이정출과 대치할 수 있다.

또한 재판 장면에서 송강호가 보여주는 이정출의 표정과 울음소리가 함의하는 의미의 간극은 '역시 송강호!' 하며 무릎을 치게 만든다. "나는 일본을 위해 최선을 다했다. 의열단원이 절대 아니다. 억울하다."라며 최후진술을 하는 이정출의 얼굴에는 수십 가지의 표정이 오고 간다. 그가 말을 잇지 못하고 숨을 한 번 들이쉴 때, 입을 열어 말하기 시작할 때 떨리는 입가의 근육들, 어린아이처럼 손으로 눈물을 훔치며 꺽꺽 울 때, 관객은 뒤늦게야

12 장영엽, 「[스페셜] '무엇이 필요한가'를 먼저 생각하는 효율적인 쪽으로 변했다고들 하더라 - 〈밀정〉 김지운 감독 인터뷰」, 『씨네21』, 2016.09.05. 〈http://www.cine21.com/news/view/?mag_id=85100〉

알게 될 김우진과의 약속을 가슴 한편으로 이미 감지할 수 있다. 세상 억울한 사람의 표정 속에, 다 큰 남자 어른의 엉엉대는 울음소리에 송강호는 억울한 척해야 하는 이정출의 심정과, 그 자리에 있는 김우진과 의열단원들에 대한 미안함을 섬세하게 담아낸다. 그 감정적 미묘함을, 이정출의 이중적 존재양식이 가진 비애를, 송강호는 그의 탁월한 연기로 담아내고 있는 것이다.

〈밀정〉을 보고 난 후 먹먹해진 가슴을 안고 드보르작의 〈슬라브 무곡〉을 다시 한 번 찾아서 듣는다. 음악이 담고 있는 저항적이면서도 낭만적인 분위기에 흠뻑 젖어, 치열하게 살아갔을 밀정의 시대도 떠올려본다. 그리고 때로는 동지를 배신해야만 했고, 때로는 조국의 이름으로 옛 동지를 처단해야만 했던, 내가 살기 위해서는 내 옆의 친구를 제거해야만 했던… 그런 극단적인 선택만이 가능했었던 엄혹한 시절에 대해 생각하다가, 그것이 일제강점기에만 있었던 것이 아님도 문득 깨닫는다. 어쩌면 세상을 향한 눈을 감은 채 나만 생각하며 살아가는 현재의 삶이 혹시 밀정과 같은 삶인 것은 아닐까라는 생각도 갑자기 든다. 그리고 다시 한 번 무릎을 친다. 역시 김지운 감독이다. 스타일리시하고 탐미적인 장르영화를 통해서도 이러한 근본적인 질문으로까지 나를 이끌어 가니 말이다. 그래서 영화 〈밀정〉은 아름다운 영화다.

조수진 현재 한양대, 덕성여대에 출강 중이다. 한양대학교 연극영화학과를 졸업하고 독일 에어랑엔-뉘른베르크 대학교 영화학 석사 및 박사학위를 취득했다. 논문으로 「현대독일영화의 한 경향: 포스트모던 시대의 역사영화 - 오스카 룔러의 〈유대인 쥐스 - 양심 없는 영화〉(2010)를 중심으로」, 「현대 독일 사회 속 여성들의 삶을 바라보는 하나의 시선 - 경계에 선 여성: 페오 알라닥의 〈그녀가 떠날 때〉(2010)를 중심으로」, 「오스트리아 예술경영과 문화민주주의 - 빈 극장연합을 중심으로」, 「아우슈비츠와 기억: 우리는 역사와 어떻게 대면해야 하는가 - 영화 〈마지막에는 여행객들이 온다〉를 중심으로」, 공저 『문화민주주의: 독일어권 문화정책과 예술경영』 등이 있다.

그림자의 시대와 주체의 환상

유봉근

환상 기계

영화 기술이 처음 나왔을 때 사람들은 놀라움과 기대감
으로 한껏 부풀었다. 대상이나 현상을 사실적으로 재현
하는 사진의 장점을 한 차원 끌어올린 기술이 등장했기
때문이다. 사진에서 빠져있던 시간적 요소를 끌어들인

영화 기술은 또 다른 가능성을 품고 있었다. 현실을 더 사실적으로 담아서 보여줄 수 있으며, 동시에 현실을 넘어서는 환상의 세계를 더 잘 표현하여 보여줄 수 있는 가능성이 있었다.

순간적 재현의 매체로 환영받던 사진이 재현적 표현 매체로 진화하기까지 그리 오랜 시간이 소요되지 않았다. 마술극장을 운영하던 멜리에스[13]는 새로운 기술을 적용하여 콘텐츠를 만들 수 있다면 더 많은 관객을 유치할 수 있을 것으로 판단했다. 마술사를 불러 매혹적인 시간

---

13 마리 조르주 장 멜리에스(Marie-Georges-Jean Méliès, 1861~1938)는 영화 편집의 아버지로 알려져 있다. 파리 출생으로 젊어서 아마추어극에 열중했으며, 특히 요술을 좋아하여 로베르우댕극장이라는 만담 흥행극장을 직접 경영했다. 뤼미에르 형제가 영화를 발명하자(1895), 즉시 카메라를 구입하고 촬영을 배워 단편물을 만들었다. 1896년 M.브와가 만든 세계 최초의 영화 스튜디오에서 자신이 기획, 각본, 장치를 도맡아 이른바 트릭영화를 주로 만들었다. 이때 카메라 고장으로 우연히 '이중노출' '페이드 인' '페이드 아웃' '조리개' 등의 기술을 발견하여 영화 편집 기술의 기초를 세웠다. 멜리에스는 자신이 고안한 기술을 이용하여 〈로베르우댕극장에서의 한 부인의 증발(Escamotage d'une dame chez Robert Houdin)〉, 〈달나라 여행(Le Voyage dans la lune)〉(1902), 〈걸리버 여행기〉(1902), 〈해저 20만리〉(1907) 등을 제작했다. 세계 최초의 종합적인 촬영소를 세우는 한편, 영화의 흥행체제를 세우는 공로를 남겼다. 출처: 네이버 두산백과 〈조르주 멜리에스〉.

http://terms.naver.com/entry.nhn?docId=1092957&mobile&cid=40942&categoryId=34408

을 창출하여 관객을 불러들이던 극장주 멜리에스는 마술 장면을 촬영한 영화를 상영하면서 영화감독으로 변신할 수 있었다. 그의 성공과 함께 영화는 사실을 기록하기보다는 볼거리를 창조하는 환상 기계로 도약하기 시작했으며, 영화감독은 기술자에서 예술가로 전환되는 변화가 생겨났다. 하드웨어 기술의 발전은 소프트웨어 예술의 가능성을 촉발시켰던 것이다.

백 년의 역사를 뒤로 하면서 오늘날 영화는 그림자를 보여주는 탁월한 효과를 과시한다. 인간과 세상을 있는 그대로 보여주는 사실주의 기술보다는, 그들의 능력과 가능성을 에둘러서 과장하거나 강조하는 표현주의 예술의 수단으로 활용된다.

그림자의 시대

〈밀정〉은 그림자로 살아가는 사람들의 숨 가쁜 이야기다. 영화는 인간, 인간의 그림자, 그림자의 생성과 기원의 문제까지 담고 있다. 디지털 시대의 관객은 0을 보면서 1을 생각한다. 공유, 송강호, 이병헌이 김우진, 이정출, 정채산으로 변장한 모습을 보며 김시현, 황옥, 김원봉의 그림자들을 떠올린다. 그림자 속에 어른거리는 희미한 주체의 다른 모습을 인지하도록 영화는 관객에게 마법을 건다. 영화는 그림자들의 사랑과 용기, 애국심, 배반을 관객의 마음 깊이 새기도록 프로그램 되어 있다. 응용 프로그램을 짜는 프로그래머의 안목과 의도는 영화 장치의 OS 시스템과 결합하여 고도의 퍼포먼스를 펼칠 수 있어야 한다.

밀정은 어떤 사실을 캐내거나 중요한 정보를 얻기 위해 보통은 암약한다. 관객을 긴장하게 하는 신출귀몰한 행위는 흔히 스파이 영화의 풍부한 소재가 되어왔다. 서구식 첩보 기술과 트릭을 구사하면서 관객들의 상상력을 극대화시킨다. 관객은 영화관 안락의자에 편안하게 앉은 자세로 눈을 똑바로 뜨고 그림자들의 환상을 따라나선다. 자신을 극장 안에 자발적으로 감금하고, 마음속으로만 자유로운 여행을 한다. 상하이의 어느 조계지, 술

집, 조선으로 향하는 기차, 경성의 어느 사진관, 서대문 형무소 등에서 익숙한 배우들의 얼굴을 보면서 사실은 당대의 그림자들을 만난다.

〈밀정〉은 국민국가와 개인의 자유를 극대화하려는 민주주의, 무한경쟁을 통하여 사회적 평등을 이룰 수 있다는 이상, 그림자로 살아야 했던 시대적 우울과 절망, 이들 간의 갈등과 불화를 전경화한다. 최신 기술과 장치로 무장한 밀정들은 더 은밀하고 비밀스러운 장소에서 회합하고 다투고 목숨을 걸고 싸운다. 〈밀정〉은 인간 자아와 주체에 대한 성찰 그리고 영화 자체에 관한 반성을 동시에 요청한다. 대놓고 행동하기보다 비밀스럽게 암약하는 밀정의 내면에는 여기저기 어두운 그림자가 너울댄다. 그 음산한 언저리에 밀정과 스파이 영화는 어디까지 진화할 수 있는가에 대한 질문이 함축되어 있다. 감독이 의도하지 않았거나 배우가 의식하지 못했던 의미를 창출하여 전파할 수 있다는 점에서 영화는 경이로운 발명품에 속한다.

김지운의 〈밀정〉은 '의열단'의 복합적 효과를 반추

하여 보여준다. 평화로운 저항을 표방한 3·1 만세운동으로는 그 순수한 목적을 이룰 수 없다는 확신에서 시작한다. 두 손을 추켜올리며 대한의 독립을 돌려달라고 외치는 집단행동으로 일본 제국주의를 굴복시키는 일은 불가능하다고 판단했다. 의열단은 외교적 수단을 내세우는 '광복회'나 '임시정부'의 의지를 넘어서야 했다. 의로운 일을 위한 열혈투쟁의 의지를 분출하여 저항하려는 청년들이 뜻을 합쳐가고 있었다. 만주의 '신흥무관학교'에서 단련한 몸과 「조선혁명선언」에 함축된 정신으로 무장한 신종의 주체들이 결속하기 시작했다. 의열단은 고도의 군사 기술을 체화하고 신채호가 요약한 행동 지침에 걸맞는 주체의 모형을 이상화한다.

"우리는 일본 강도정치 곧 이족통치가 우리 조선민족 생존의 적임을 선언하는 동시에, 우리는 혁명수단으로 우리 생존의 적인 강도 일본을 살벌함이 곧 우리의 정당한 수단임을 선언하노라."

- 신채호, 「조선혁명선언」, 1923. 1.

이 주체의 모형이란, 무장투쟁을 유일한 수단으로 단지 하나의 목적을 이루기 위해 각자 하나만 소유한 목숨을 내놓을 수 있다는 신념을 공유하는 집단 주체들이다.

주체의 기술과 전략

최근의 인문학은 인간을 감동시키고 지각 방식을 바꾸는 미디어 연구에서 새로운 과제를 발견한다. 우리의 역사 속에 성공적인 비밀결사체 가운데 하나인 의열단의 전설을 장면화한 〈밀정〉은 특정한 주체 모델의 현대적 변용 가능성에 대한 실험으로 해석할 수 있다.

의열단의 인물들은 국가적이며 민족적인 모순을 해결하고자 그들의 유일한 생명을 담보로 내세운다. 그리고는 대부분 이중첩자 또는 이중 스파이로 각자 그들의 임무를 수행하도록 과제를 부여받는다. 〈밀정〉은 주로 황옥과 김시현을 둘러싼 밀정과 의열단원의 그림자들에 관한 이야기가 핵심을 이룬다. 밀정의 성공 여부는 비밀요원들 주체의 이중화 또는 다중화 전략에 의존한다. 그들의 주체는 위태로운 비밀 네트워크로 연결되어 있다. 이들을 묶어주는 복잡하지만 견고한 연결고리로 가능한 모든 미디어가 동원된다. 밀정의 역사는 네트워크 기술과 이중화된 주체들의 이합집산의 역사다. 주체의 기술은 인간을 의도적으로 구속하거나 분열시키는 매우 위험한 기술이다. 자아 또는 주체는 그 자체로 명료한 규정이 어렵기 때문에 아직도 원시적인 카테고리화가 유용하다. 나와 대립관계에 위치한 타자가 있어야 비로소 한 주체의 모습이 구체화될 수 있다. 충성스러운 밀정의 모습은 전형적인 배반자의 전형과 대비될 때 비로소 빛을 발한다. 밀정의 내면은 신의와 배반과 같은 갈등의 네트워크처럼 얽히고설킨 형상이다. 나와 타자는 가깝고도 먼 관계의 어중간한 장소에 위치하며 서로 치환 가능하다. 인간 주체의 속성과 자아의 정체성에 대한 담론은 여전히 인문학적 논쟁의 중심에 있다. 논쟁의 경계가 불분명한 영역이 주체에 관한 논쟁이다.

〈밀정〉은 인간 주체의 탄생과 분열, 변형과 위조, 순간적인 변용의 가능성에 대하여 진술한다. 주체는 만들어지며, 다듬어지며, 조작되며, 프로그램 가능하며 가변적인 존재임을 보여주고자 한다. 주체는 규격화되어 있지 않고 언제나 유동적이며 부유하는 형태로 떠돈다. 헤르만 헤세의 『황야의 늑대』에서 방황하는 주체 하리 할러의 한 순간의 모습을 보자.

"나는 연극을 볼 때든 영화를 볼 때든 오래 앉아 있지 못하고, 신문조차 제대로 읽을 수 없으며, 최신 서적도 거의 읽지 않는다. 만원 열차와 호텔, 선정적인 음악이 흐르고 남녀로 넘쳐나는 카페, 우아하면서도 호사스런 도시의 바와 버라이어티 쇼 극장, 만국박람회, 꽃마차 행렬이 지나가는 축제가로, 교양 함양을 위한 강연회, 거대한 경기장, 나는 이런 곳에서 사람들이 추구하는 것이 어떤 방식의 기쁨과 쾌락인지 이해할 수 없다."

이처럼 확고하지 못하고 언제나 유동적인 주체의 경

우 어떤 기쁨이나 즐거움 또는 가치 있는 어떤 것을 약속함으로써 유혹할 수 있다. 특정한 목적을 이루게 된다면 역사로부터 영원한 보상을 받을 수 있다는 비전으로 설득할 수 있다. 조국의 독립, 민족의 해방, 자주국가의 정립이라는 꿈과 이상으로 무장된 주체들로 결집시킬 수 있다.

전쟁과 같은 환경에 직면하여 억압적 기제들을 작동시키면 주체들은 무의식에 의존하여 타자의 목소리를 낸다. 나의 자아와 타인의 자아는 대체 또는 교환 가능한 것이다. 나는 내가 생각하는 곳에 존재하지 않으며, 오히려 내가 생각하지 않는 곳에서 존재할 수 있다. 라캉의 주장은 〈밀정〉에서 쉽게 확인할 수 있다. 이정출은 질문한다. "넌 이 나라가 독립이 될 것 같냐?" 미래에 어떤 변화가 올 것인가를 예측하는 일은 누구에게나 어렵다. 독립이 가능하다고 믿을 수 있지만, 불가능하다고 생각할 수도 있다. 김장옥은 확고하지 않은 부유하는 주체를 "쥐새끼"라고 규정한다. 잘 훈련받아 고착화된 주체는 "대한독립만세!"라고 말하고 자결로 마감할 수 있어야 한다.

이는 곧 혁명가 주체의 모델이다. 〈밀정〉은 그림자의 시대에 개인은 어떻게 말하고 사유하고 가장하고 위조될 수 있으며, 어떤 행동을 감행할 수 있는가를 보여주며, 주체의 기술과 전략에 관한 교훈을 들려준다.

다중화된 주체의 현대적 실험

〈밀정〉은 첨단 미디어로 무장한 밀정들의 창조적 활약 가능성을 실험한다. 영화는 밀정의 생애를 제시하는 심리적 장치이며 또 다른 에이전트로 기능한다. 멜리에스는 마술사의 트릭을 영화 촬영의 기술로 대체하여 영화 기술의 발전에 기름을 부었다. 김지운의 〈밀정〉은 21세기 엄혹한 기술경쟁시대에 창조적 주체의 가능성에 관한 상상력에 불을 지른다. 그림자들 간의 긴장 관계는 현대적 삶의 정신적 동기 또는 동력을 제공할 수 있다. 소설이 백만 독자를 얻기 어려운 시대에, 〈밀정〉은 천만 관객을 유혹할 수 있는 시각미디어의 저력을 과시한다. 화

려한 모험을 꿈꾸는 관객들에게 무심한 듯 제안하고 심각하게 경고한다. '주체를 이중화하라!' 그리고 '그림자 주체를 경계하라!' 테크놀로지 미디어가 편재하는 현대적 삶의 현장 도처에서 밀정의 성립 가능성은 언제나 열려있다. 하나뿐인 목숨을 걸 만한 가치가 있는 목표인가에 대하여 전적으로 이성적인 판단을 내려야 한다. 다중화된 주체가 일상화된 미디어 사회에서 〈밀정〉은 가능한 삶의 현대적 방식에 대한 진지한 성찰을 제안한다.

유봉근 현재 연세대학교 미디어아트연구소 전문연구원이다. 연세대학교 독문과를 졸업하고 베를린 훔볼트대학교에서 에.테.아. 호프만 연구로 박사학위를 취득했다. 대학에서 '매체와 예술', '문화예술의 이해', '교양철학' 등을 가르치며, 문화 분석과 미디어이론에 관심을 갖고 연구를 하고 있다. 『도박하는 인간』(2016), 『수행성과 매체성, 21세기 인문학의 쟁점』(2012) 등의 책을 공동 저술했으며, 『보는 눈의 여덟 가지 얼굴 – 시각과 문화』(2015), 『예술, 매개, 미학』(2014), 등의 책을 공동 번역했다. 키틀러의 '매체이론', 백남준의 '미디어아트', 레만의 '포스트드라마', 미하엘 하네케의 〈아무르〉 등에 관한 논문을 썼다.

경성으로 가는 길

김영아

필자는 아침 7시 무렵 눈을 뜬다. 등교하는 학생들의 커다란 대화 소리와 웃음 그리고 그들의 입에서 자연스럽게 나오는 거친 욕설로 인해 저절로 잠에서 깬다. 배려는 커녕 주변은 전혀 아랑곳하지 않고, 시끄럽게 떠들며 등교하는 학생들의 모습에서 대한민국의 장래를 걱정하는 것은 지나친 비약일까?

학교는 왜 가는 것이며, 공부의 목적은 무엇인지 자문하게 된다. 공자는 『논어』의 "위기지학(爲己之學)과 위인지학(爲人之學)"을 통해 옛날 학자들은 자기 자신의 내면적 성취를 위한 학문을 하였는데, 지금 학자들은 남의 눈을 의식한 학문을 한다고 지적하였다. 나를 위한 배움과 타인을 의식한 배움의 차이는 무엇인가? 출세와 개인적 성공만이 공부의 목적이 된 작금의 한국의 현실에 대해 자신의 목숨을 버릴 각오로 나라를 위해 헌신하고 희생한 선조들이 지켜온 우리나라를 생각하며 반성하게 된다.

역사적으로 우리나라는 이웃한 중국과 일본의 침략 그리고 남북 간의 6·25전쟁을 겪었으며, 일본에 나라를 빼앗겨 식민지 시대를 거쳤다. 지리적으로 매우 가까이 위치했으나 가깝고도 먼 나라라고 일컬어질 만큼 일본과 한국의 심리적 거리는 멀다. 게다가 한국과 일본은 역사 인식이나 독도를 둘러싼 영토 문제, 최근의 위안부 문제에 이르기까지 서로 상이한 이해관계를 보이고 있다.

전 세계적으로 레지스탕스들의 이야기를 다룬 영화

들은 수없이 많다. 전쟁과 침략 그 속에서 조국의 독립을 꿈꿨던 사람들의 이야기 속에는 격동의 시대를 살았던 당시 인간의 복잡한 내면과 삶의 여러 모습을 보여주는 인간 군상이 등장한다. 이러한 인간들의 다양한 삶의 모습은 작품의 매력적인 소재가 되기도 하며, 그들의 실제 이야기는 한 번뿐인 인생을 어떻게 살아야 할 것인가에 대해 많은 사람들에게 생각할 기회를 주기도 한다.

이 글에서 다루려고 하는 〈밀정〉과 〈새벽의 7인〉은 실화를 토대로 영화화한 작품이며, 각기 일본과 독일로부터 침략을 당했던 비슷한 경험을 가진 한국과 체코의 독립 운동 과정을 엿볼 수 있다. 무엇보다도 두 영화는 배신자 또는 변절자라는 프레임에 갇힌 단편적인 인간의 모습이 아니라 빼앗긴 나라를 되찾고자 하는 저항 정신과 정체성 그리고 개인적 행복 사이에서 고뇌했던 인간들의 면모를 살펴볼 수 있다는 점에서 공통점을 가지고 있다.

〈밀정〉과 실존 인물 황옥

〈밀정〉은 〈조용한 가족〉, 〈반칙왕〉, 〈장화, 홍련〉, 〈달콤
한 인생〉, 〈좋은 놈, 나쁜 놈, 이상한 놈〉, 〈악마를 보았다〉
등을 연출한 김지운 감독의 작품으로, 미국 영화사 워너
브라더스가 처음으로 한국에 투자한 영화다. 〈밀정〉은
2016년 베니스국제영화제와 토론토국제영화제, 부산국
제영화제 등에 공식 초청되었으며, 2016년 한국영화평
론가협회 최우수작품상과 2017년 백상예술대상 감독상
과 남자 최우수연기상(송강호)을 수상했다. 이름만으로
도 믿고 보는 배우 송강호와 〈부산행〉, 〈도깨비〉 등으로
최근 영화와 드라마로 사랑받는 공유, 짧지만 강렬하게
등장하는 이병헌의 연기를 보는 재미도 쏠쏠한 영화다.

송강호는 한 인터뷰에서 영화 〈밀정〉의 출연 소감에
대해 "일제강점기를 배경으로 한 훌륭한 작품들이 많다.
하지만 이번 〈밀정〉의 경우 그 시대를 바라보는 새로운
시각, 시선 등이 마음에 다가왔다. 경직되게 해석하는 것
이 아니라 뭔가 회색분자 같은, 인물들이 어떻게 변하는

가를 통해 그 시대의 아픔을 이야기할 수 있다는 매력이 끌렸다."[14]라고 말했다.

　영화 제목인 밀정은 '남의 사정을 은밀히 정탐하여 알아내는 자'를 뜻하는데 스파이라고 생각하면 훨씬 더 이해가 쉬울 것이다. 〈밀정〉에서 송강호가 연기한 이정출의 실존 인물인 황옥이 의열단에 잠입한 일본의 밀정이었는지 아니면 친일파로 위장한 독립투사였는지 역사적 사실은 불분명하다. 그는 재판에서 당시 폭탄 반입에 가담한 건 의열단원을 검거하기 위해서였다고 진술했으며, 6·25 이후 납북되었다. 어쩌면 황옥의 미스터리한 행적과 당시 상황이 그를 영화 속의 인물로 재탄생하게 한 것은 아닐까? 복잡한 내면과 다양성을 지닌 인간의 모습을 선과 악의 이분법적인 구분만으로 규정짓는 것은 섣부른 판단일 것이다. 영화 속 인물에 대한 해석이 다양할

14　김명신, 「송강호 "시대극 전문? 정치적 성향 없다"」, 데일리안, 2016.09.05. (http://www.dailian.co.kr/news/view/587810/?sc=naver)

수 있겠으나 일제의 밀정으로 생각됐던 이정출은 영화의 종반으로 향하면서 투옥된 의열단원들 대신 임무를 수행하는 독립투사의 모습으로 그려진다.

황옥은 1920년 일제의 경기도 경찰부의 경부로 근무할 때 의열단 단원인 김시현과 접선한 뒤 항일독립운동에 헌신할 것을 결심하였다. 1923년 종로경찰서에 폭탄을 던진 범인을 수색하기 위하여 중국으로 출장을 떠나게 되자 안둥(安東)을 경유하여 톈진(天津)에 도착하였다. 황옥은 그곳에서 의열단 단장 김원봉을 만나 독립운동에 헌신할 것을 서약하였으며, 김원봉으로부터 조선총독부를 비롯한 일제 통치기관의 파괴, 일제요인과 친일파 암살의 밀령을 받고 폭탄 36개와 권총 5정을 수령하였다. 이를 김시현·김재진·권동산 등과 함께 안동, 신의주를 거쳐 경성으로 운반하였다. 그러나 김재진이 일본 경찰에 밀고함으로써 거사계획은 실패로 끝났으며 동지들과 함께 붙잡혀 1923년 경성지방법원에서 10년의 형

을 선고받고 복역하였다.[15]

　〈밀정〉은 1923년 일어났던 황옥 경부 폭탄사건과 일본 총독부의 주요시설을 파괴하기 위해 폭탄을 들여오려는 무장독립운동 단체 의열단의 이야기를 모티브로 한 작품이다. 1920년대 일제강점기 시기 조선인 출신의 일본 경찰 이정출은 의열단의 뒤를 캐라는 특명을 받고 김우진에게 접근한다. 의열단은 폭탄을 사기 위해 자금을 모으고 상하이에서 폭탄을 제조해 경성으로 들여오려는 작전을 세운다. 이정출과 김우진은 자신들의 목표를 위해 속내를 숨긴 채 가까워지고 이정출은 김우진의 소개로 상하이에서 의열단 단장 정채산과 만나 경성으로 폭탄을 들여오는 일을 돕기로 한다. 경성으로 향하는 기차에 함께 탄 의열단원과 일본 경찰들 사이에서 정보가 새어나가고 누가 밀정인지 의심하게 되는 상황에 이른다. 경성에 도착하자마자 의열단과 일본 경찰은 총격전을 벌

15　행정안전부 국가기록원, 독립운동 관련 판결문. (http://theme.archives.go.kr)

이게 되고 결국 의열단원들은 검거된다. 이정출은 감옥에 수감된 뒤 출소한 후 김우진이 맡겨둔 폭탄을 일본 고위직들이 모인 경무부 구락부 행사장에 투하한다. 정채산의 "우린 실패해도 앞으로 나가야 합니다. 실패가 쌓여 그 실패를 딛고서 앞으로 전진하고 더 높은 곳으로 올라서야 합니다."라는 내레이션으로 영화는 막을 내린다.

〈새벽의 7인〉과 하이드리히의 암살을 다룬 작품들

1975년 제작된 〈새벽의 7인(Operation Daybreak)〉은 앨런 버지스(Alan Burgess)의 원작 소설 『프라하의 새벽』[16]을 루이스 길버트(Lewis Gilbert) 감독이 영화화한 작품이다. 루이스 길버트는 1944년 〈세일러스 두 케어(Sailors

---

[16] 알란 바아제스 지음, 李文壽 옮김, 『프라하의 새벽: 새벽의 7인』(원제:Seven Men At Daybreak), 理想社, 1976.

Do Care)〉로 데뷔한 이래 〈007 나를 사랑한 스파이(The Spy Who Loved Me)〉, 〈007 문레이커(Moonraker)〉, 〈007 두 번 산다(You Only Live Twice)〉와 같은 007시리즈, 우리나라에서도 여러 번 공연된 윌리 러셀(Willy Russell)의 희곡 〈셜리 발렌타인(Shirley Valentine)〉과 〈리타 길들이기(Educating Rita)〉 등을 연출한 영국 출신의 감독이다.

〈새벽의 7인〉은 제2차세계대전 당시 보헤미아 모라비아 보호령의 총독대리인 라인하르트 하이드리히(Reinhard Tristan Eugen Heydrich)의 암살을 다룬 실화 영화다. 그는 나치 친위대 SS(Schutzstaffel)의 총책임자였던 하인리히 히믈러(Heinrich Himmler) 밑에서 부책임자로 근무했으며, 별명이 '교수형 집행인(Der Henker)'으로 불릴 만큼 악명 높은 인물이었다.

독일 표현주의 영화의 대가 프리츠 랑(Fritz Lang)이 1943년 제작한 〈사형집행인도 죽는다(Hangmen Also Die)〉도 하이드리히의 암살을 소재로 한 영화다. 〈사형집행인도 죽는다〉는 극작가 브레히트(Bertolt Brecht)와 프리츠 랑, 브레히트와 오랫동안 작업했던 음악가 한스 아이

슬러(Hanns Eisler)가 나치를 피해 미국으로 망명했던 시절 함께 만든 영화다. 시나리오는 존 웩슬리(John Wexley)가 맡았으며, 브레히트와 프리츠 랑이 각색과 원작 스토리 작업에 참여했다.[17]

2016년 〈새벽의 7인〉의 리메이크 작품인 〈엔트로포이드(Anthropoid)〉가 개봉되었는데, 영화 제목 엔트로포이드는 하이드리히의 암살 작전명 '유인원 작전(Opera-

---

17 〈사형집행인도 죽는다〉의 시나리오 작가는 존 웩슬리로 알려져 있다. 이 영화가 브레히트와 밀접한 연관이 있다는 사실은 1997/98년 미국 서던캘리포니아대학 도서관에서 우연히 두 편의 원고가 발견되면서부터 본격적으로 제기되었다. 프리츠 랑은 1942년 5월 나치정권의 옹호자 라인하르트 하이드리히가 체코의 지하운동조직에 의해 암살당한 소식을 접하고 브레히트와 공동으로 이와 연관된 내용을 영화로 제작할 계획을 세웠다. 브레히트와 랑이 공동으로 기획한 트리트먼트에는 〈437!! 인질영화〉라는 독일어 제목이 붙여졌고, 시나리오로 각색되었는데, 이를 맡은 사람이 미국의 시나리오 작가 존 웩슬리였다. 브레히트와 웩슬리 사이에 영화 시나리오의 저작권을 둘러싸고 소송이 벌어졌으며, 브레히트는 저작권을 상실했다. 하지만 영화의 많은 부분에서 브레히트적인 요소들이 발견되고 있다. 체코 지하운동조직의 암살이야기, 아버지가 인질로 잡힌 어느 소녀의 이야기, 나치 비밀경찰의 이야기 등 세 가지로 구성된 이야기가 서사극적인 형식을 취하고 있다. 이뿐만 아니라 내용적인 측면에서도 브레히트적인 요소가 발견되고 있다. 이 영화에서 실제 주인공은 소녀라고 할 수 있는데, 이 소녀는 처음에는 정치에 전혀 관심이 없다가 점점 정치에 관심을 가지는 투쟁자의 모습으로 변모해간다.(아키라 이치카와, 「베르톨트 브레히트와 프리츠 랑-영화 〈사형집행인도 죽는다〉를 중심으로」, 『브레히트와 현대연극』 29권, 한국브레히트학회, 2013, 75~76쪽 참조.)

tion Anthropoid)'을 의미한다. 당시의 상황을 담은 기록 영화와 역사적 사실을 가미한 자막을 통해 작품의 리얼리티를 더하고 있다.

프랑스 작가 로랑 비네(Laurent Binet)의 『HHhH』도 하이드리히의 암살을 다룬 역사소설이다. 마치 암호명을 연상시키는 이 제목은 'Himmlers Hirn heißt Heydrich'의 약자를 말한다. 소설 제목 『HHhH』[18]는 '히믈러의 두뇌는 하이드리히라고 불린다'를 의미하는데, 히틀러의 2인자 히믈러 밑에서 작전을 지휘했던 하이드리히를 일컫는 말이라고 한다. 로랑 비네는 이 작품으로 2010년 프랑스에서 공쿠르상을 수상하였으며, 2017년 세드리크 지메네즈(Cedric Jimenez) 감독이 영화화했다.

---

18 로랑 비네 지음, 이주영 옮김, 『HHhH』, 황금가지, 2016.

〈새벽이 7인〉과 마지막 장면

영화의 프롤로그는 데이비드 헨첼(David Hentschel)의 단조로우면서도 반복적인 미니멀 음악과 나치를 상징하는 하켄크로이츠가 들어간 휘장·국기, 대검, 히틀러 흉상이 묘한 긴장감을 준다. 하인들의 시중을 받아 옷을 입는 하이드리히의 차갑고 권위적인 모습과 그를 두려워하는 하인들의 표정이 대비되면서, "이것은 실화이다."라는 자막으로 시작한다.

영국 공수부대원이자 체코 출신의 얀, 요제프, 카렐은 하이드리히를 암살하라는 명령을 받고 체코에 침투한다. 카렐은 연인을 찾아가 재회하고, 집 앞에 있는 아기 장난감을 보며 기뻐한다. 세 사람은 그들과 함께 임무에 참여하는 사람들을 만나게 되고, 정보를 수집해 하이드리히의 암살 계획을 세운다. 하이드리히가 예상보다 빨리 베를린으로 돌아가게 되자 이들의 거사 계획도 속도를 낸다. 첫 번째 작전에서 실패하고, 하이드리히의 동선을 파악한 이들은 거리에서 그를 기다린다. 하이드리히가 탄 차가 앞을 지나자 요제프가 차를 막고 하이드리히에게 총을 겨누지만 총알이 발사되지 않자 건너편에 대기하던 얀이 수류탄을 던진다. 하이드리히는 병원으로 후송되지만 파편의 후유증으로 사망하게 된다. 체코의 리디체 마을 사람들이 하이드리히의 암살에 도움을 주었다고 발표한 나치는 이에 대한 보복으로 리디체를 파괴하고 대량학살을 감행한다.

　무사히 도망친 얀과 요제프 그리고 이들을 도왔던 다섯 명의 요원들은 영국군의 비행기를 기다리지만 현상금과 행복한 결혼 생활을 원하는 카렐의 밀고로 이들이 숨어있던 교회는 곧 발각된다. 많은 사람들이 압권으로 꼽는 〈새벽의 7인〉의 명장면은 임무를 완수하고 영국군의 비행기를 기다리며 교회에 숨어있던 사람들과 나치의 전투 장면이다. 총싸움과 수류탄을 던지며 저항하는 얀과 일행들. 나치는 히틀러의 명령으로 이들을 생포하기 위한 작전에 돌입한다. 얀과 요제프가 끝까지 저항하자 나치는 교회 지하에 물을 공수한다. 마지막 남은 촛불마저 꺼지고 끝까지 저항하다 턱 밑까지 물이 차오르자 얀과 요제프는 총을 들고 서로 끌어안는다. 총소리가 들린 후 이들이 지하에서 나오기를 기다리는 나치와 밀고자 카렐. 그리고 이를 지켜보는 사람들이 웅성이는 교회 밖에는 전쟁이 끝나면 돌아오겠다는 얀과 미래를 약속했던 안나의 모습도 보인다. 교회 지하실과 교회 안, 교회 밖 광장 이렇게 세 장소의 교차 편집으로 구성된 이 장면은 조국을 구하고자 하는 청년들의 비장함과 달리 오히려 담담한 두 사람의 생의 마지막이 더욱 더 커다란 울림으로 다가온다. 영화의 에필로그에는 실존 인물들의 삶의 궤적이 처형, 자살, 살아남아 프라하에 거주, 강제 노동, 수용소에서 사망 등 자막으로 표시된다. 영화는 초조함, 불안함, 긴장감, 처연함 등의 여러 감정이 혼재되어 보는 이로 하여금 전쟁의 참혹함을 느끼게 한다.

내일을 기약할 수 없는 삶 속에서도 희망은 있다

축구 경기를 보고, 실크로 만든 빨간 드레스를 입고, 파티에서 춤을 추고 싶다는 〈새벽의 7인〉의 얀과 안나의 대화 속에서 평범한 일상이 인생에서 얼마나 소중한 것인지 다시 한 번 생각하게 된다. 인생을 즐기며 젊음을 만끽해야 할 청춘들의 삶은 전쟁 때문에 어그러진다. 얀은 안나에게 전쟁이 끝나면 다시 돌아오겠다는 약속을 하며 헤어진다. 하지만 그들의 약속은 지켜지지 못했다.

〈밀정〉 속에는 함께 임무를 수행하면서도 누가 진정한 동지인지 서로를 의심하는 장면이 등장한다. 그 속에는 빼앗긴 나라를 되찾고자 하는 젊은이들의 조국에 대한 사랑과 동지애 그리고 인간적인 고뇌가 담겨있다. 의열단의 동지인지 일본의 앞잡이인지, 독립운동가인지 아니면 친일파인지 알 수 없는 황옥의 행적 속에는 나라 잃은 혼란한 시대를 살았던 당시 상황을 짐작하게 한다. 협력자, 변절자, 방관자 등 각기 다른 이름으로 살았던 사람들의 시대적 아픔마저 느껴진다.

정채산은 이정출과 캄캄한 바다에서 낚시를 하며 다음과 같이 말한다. "난 사람 말을 믿지 않습니다. 내가 한 말조차 믿지 못하겠소. 다만 내가 해야만 할 일을, 사람이 마땅히 해야 할 일을 믿을 뿐입니다. 모든 사람들은 자신의 이름을 어디에 올려야 할지를 정해야 할 때가 옵니다. 이 동지는 어느 역사 위에 이름을 올리겠습니까? (자신의 회중시계를 이정출에게 주며) 앞으로 내 시간을 이 형께 맡기는 겁니다." 두 사람의 대화 속에는 앞이 보이지 않는 그들의 미래 속에서도 해야 할 일을 향한 굳은 의지와 결심이 엿보인다. 때로는 자신조차도 믿을 수 없을 만큼 의심과 두려움 속에 있지만 그 안에는 서로를 필요로 하며, 함께할 수밖에 없는 공동 운명체임을 느끼게 한다.

먼 길을 돌아 경성으로 향하는 그들의 길에는 두려움, 의심, 배신 속에서도 처절한 저항, 단 하나뿐인 생명과 자신의 인생을 거는 조국에 대한 사랑과 함께 위대한 희생정신이 있다. 나라를 잃고 정체성이 흔들리는 극단적인 상황 속에서 세상을 살아가야 했던 사람들의 삶은 후대 사람들에게 많은 교훈을 준다. 내일을 기약할 수 없는 삶 속에서 개인의 행복이 아닌 조국을 향한 그들의 결단에 감사하며, 각자 자신의 주어진 위치에서 본분을 다하는 것 그것이 진정한 애국이 아닐까 생각해본다.

김영아   연극배우로 〈메디아〉, 〈억척어멈〉, 〈난파〉, 〈날개〉, 〈호두까기인형〉 외 다수의 작품에 출연하였다. 한국외국어대학교에서 「그림연극의 발전과정과 현대성 연구」로 박사학위를 받았으며, 주요 관심사는 연극, 공연예술, 예술교육, 대중예술, 문화콘텐츠 등이다. 저서로 『몸의 예술 서커스를 말한다』(2013), 『예술과 트렌드: 고급과 대중 사이』(2016), 공저로 『천만 영화를 해부하다 평론 시리즈1: 내부자들』(2017)이 있다. 한국외국어대학교와 동덕여자대학교, 한국전통문화대학교에서 강의하고 있다. 시니어씨어터페스티벌의 사무국장과 노인예술교육분야에서 활동하며 연극의 외연을 확장하는 작업에 관심을 갖고 새로운 일들을 추진해가고 있다.

〈천만 영화를 해부하다〉 평론 시리즈 2

밀정

초판 1쇄 인쇄　2017년 10월 23일
초판 1쇄 발행　2017년 10월 30일

엮은이　한국미디어문화학회
펴낸이　박성복
펴낸곳　도서출판 연극과인간
주　소　01047 서울특별시 강북구 노해로25길 61
등　록　2000년 2월 7일 제6-0480호
전　화　(02)912-5000
팩　스　(02)900-5036
홈페이지　www.worin.net
전자우편　worinnet@hanmail.net

ISBN 978-89-5786-625-2 04680
　　　 978-89-5786-607-8 (세트)

값은 뒤표지에 있습니다.